中等职业院校改革创新示范教材

Qiche Dingqi Weihu Zuoye
汽车定期维护作业

青岛交通职业学校　组织编写
孙　青　主　编

人民交通出版社股份有限公司
China Communications Press Co.,Ltd.

内 容 提 要

本书共五个项目,内容包括:汽车定期维护作业的安全生产、汽车发动机定期维护作业、汽车底盘定期维护作业、汽车电气设备定期维护作业、汽车车身部件定期维护作业。

本书可作为中等职业学校汽车运用与维修专业的教材,也可供汽车维修从业人员参考阅读。

图书在版编目(CIP)数据

汽车定期维护作业/孙青主编;青岛交通职业学校组织编写. —北京:人民交通出版社股份有限公司,2016.5

中等职业院校改革创新示范教材

ISBN 978-7-114-12875-2

Ⅰ.①汽⋯　Ⅱ.①孙⋯②青⋯　Ⅲ.①汽车—车辆修理—中等专业学校—教材　Ⅳ.①U472.4

中国版本图书馆 CIP 数据核字(2016)第 048119 号

中等职业院校改革创新示范教材
书　　名:汽车定期维护作业
著 作 者:孙　青
责任编辑:刘　洋
出版发行:人民交通出版社股份有限公司
地　　址:(100011)北京市朝阳区安定门外外馆斜街 3 号
网　　址:http://www.ccpress.com.cn
销售电话:(010)59757973
总 经 销:人民交通出版社股份有限公司发行部
经　　销:各地新华书店
印　　刷:北京市密东印刷有限公司
开　　本:787×1092　1/16
印　　张:7.25
字　　数:160 千
版　　次:2016 年 5 月 第 1 版
印　　次:2018 年 3 月 第 2 次印刷
书　　号:ISBN 978-7-114-12875-2
定　　价:26.00 元

(有印刷、装订质量问题的图书由本公司负责调换)

中等职业院校改革创新示范教材编委会

(排名不分先后)

主　　　任：牟善伟(青岛交通职业学校)

副　主　任：王述彭(青岛交通职业学校)

委　　　员：孙　青(青岛交通职业学校)

　　　　　　张　炜(青岛交通职业学校)

　　　　　　蔡海涛(青岛交通职业学校)

　　　　　　姜　琳(青岛交通职业学校)

　　　　　　梁泽鹏(青岛交通职业学校)

　　　　　　张金福(青岛交通职业学校)

　　　　　　尼福燕(青岛交通职业学校)

丛书总主审：焦建刚

前 言 Qianyan

《国家中长期教育改革和发展规划纲要(2010—2020年)》中提出:大力发展职业教育,把职业教育纳入经济社会发展和产业发展规划,把提高质量作为重点;以服务为宗旨,以就业为导向,推进教育教学改革;实行工学结合、校企合作、顶岗实习的人才培养模式;满足人民群众接受职业教育的需求,满足经济社会对高素质劳动者和技能型人才的需要。

中等职业教育的发展是国家当前教育发展的战略重点之一。我们认为,当前我国中等职业教育需要解决"三个改革"和"三个建设"两大问题:三个改革,即课程体系改革、教学模式改革和教学内容改革;三个建设,即师资队伍建设、教学设施建设和教材建设。

目前,中等职业院校汽车运用与维修专业所使用的教材大多存在以下几个方面的问题:

(1)学生反映理论知识难理解,教师反映技能知识不好教;

(2)企业反映学校所教知识脱离实际,与企业的需求距离差距太大;

(3)教学方式落后,不适应新一轮教学改革的需要,不利于职业教育的长远发展;

(4)立体化程度薄弱,教学资源质量不高,教学方式相对落后。

针对以上问题,我们开发了"中等职业院校改革创新示范教材"。本套教材以"积极探索教学改革思路,提升学生职业素质"为指导思想,采用职教专家、行业一线专家、学校教师、出版社编辑"四结合"的编写模式。本套教材具有如下特点:

(1)明确中等职业教育定位,准确体现职业教育特点(以工作岗位所需的知识和技能为出发点);

(2)理论内容"必需、够用",实训内容贴合工作一线实际;

(3)将先进的教学内容、教学方法与教学手段有效地结合起来,形成课本、课件(部分课程配)和习题集(部分课程配)三位一体的立体教学模式;

(4)选图讲究,易懂易学。

本书是本套教材中的一本,由青岛交通职业学校孙青担任主编,由青岛交通职业学校姜琳、左效波、王乐民担任参编。

限于编者的经历和水平,书中难免有不妥或错误之处,敬请广大读者批评指正,提出修改意见和建议,以便再版修订时改正。

中等职业院校改革创新示范教材编委会
2016 年 3 月

目录 Mulu

项目一　汽车定期维护作业的安全生产 ········· 1
　任务一　汽车定期维护作业基础安全须知 ········· 1
　任务二　汽车定期维护作业的电气设备安全须知 ········· 1
　任务三　汽车定期维护作业的防火安全须知 ········· 2

项目二　汽车发动机定期维护作业 ········· 3
　任务一　更换机油和机油滤清器 ········· 3
　任务二　更换发动机冷却液 ········· 9
　任务三　更换发动机空气滤清器 ········· 15
　任务四　更换发动机汽油滤清器 ········· 19
　任务五　更换发动机火花塞 ········· 23
　任务六　检查发动机燃油管路和排气管路 ········· 29

项目三　汽车底盘定期维护作业 ········· 34
　任务一　检查制动器踏板性能状况 ········· 34
　任务二　更换制动液 ········· 39
　任务三　更换自动变速器油（ATF） ········· 44
　任务四　更换手动变速器齿轮油 ········· 49
　任务五　检查盘式制动器 ········· 53
　任务六　检查轮胎性能 ········· 60
　任务七　检查车轮定位 ········· 64
　任务八　检查汽车底盘相关部件 ········· 81

项目四　汽车电气设备定期维护作业 ········· 86
　任务一　检查汽车车灯及仪表灯性能 ········· 86
　任务二　检查蓄电池性能与外部状况 ········· 93
　任务三　检查汽车相关电器部件性能 ········· 97

项目五　汽车车身部件定期维护作业 ········· 101
　任务一　检查汽车车身部件性能 ········· 101

参考文献 ········· 106

项目一 汽车定期维护作业的安全生产

任务一 汽车定期维护作业基础安全须知

(1) 始终安全工作,防止事故的发生。

(2) 如果不知道车间设备如何使用,应听从辅导教师的指导,以得到正确、安全的使用方法。

(3) 在极疲劳或消沉时不要工作,这种情况会降低注意力,有可能导致自身或他人的伤害。如果在工作中受伤,这将不仅影响你,而且也会对你的家庭、同事和公司造成影响。

(4) 在车间内,要始终保持工作场地干净,不要在车间内随意走动;穿戴、着装要合适,并佩戴必要的装备,如手套、护目镜、耳塞等。保护自己和其他人免受伤害。

(5) 用正确的方法使用正确的工具,尖锐的工具不要放到口袋里,以免扎伤自己或划伤车辆,不要把工具或零件留在有可能踩到的地方,工具不使用时应保持干净并放到正确的位置。

(6) 立即清理干净飞溅的燃油、机油或润滑脂,防止人员滑倒。

(7) 工作时不要采用不舒服的姿态,这不仅会影响到工作效率,而且有可能发生事故。

(8) 处理沉重的物体时要极度小心,以免砸伤脚面。而且,不要试图举起一个对你来说太重的物体,你的背部可能会受伤。

(9) 如果不正确地使用电气、液压和气动设备,可能导致严重的伤害。

(10) 使用产生碎片的工具前,戴好护目镜。使用砂光机和钻孔机一类的工具后,要清除其上的粉尘和碎片。

(11) 操作旋转的工具或者在一个有旋转运动的地方工作时,不要戴手套。

(12) 用举升机或千斤顶升起车辆时,一定要按正确的规程操作。用举升机升起车辆时,初步提升到轮胎稍微离开地面为止。确认车辆牢固地支撑在举升机上。

(13) 应知道车间灭火器、医疗急救包、洗眼处的位置。

任务二 汽车定期维护作业的电气设备安全须知

(1) 如果发现电气设备有任何异常,立即关掉开关,并联系实习室管理员和指导教师。

(2) 如果电路中发生短路或意外火灾,在进行灭火步骤之前首先关掉开关。

(3) 有任何熔断器熔断都要向实习室管理员汇报,因为任何熔断器熔断说明有某种电气故障。

(4) 不要靠近断裂或摇晃的电线,因为它们非常危险。

(5)为防止电击,千万不要用湿手接触任何电气设备。

(6)千万不要触摸标有"发生故障"的开关,因为它们非常危险。

(7)拔下插头时,不要拉电线,而应当拉插头本身。

(8)不要让电缆通过潮湿或浸有油的地方,以及炽热的表面,或者尖角附近。

(9)在开关、配电盘或电动机等附近不要使用易燃物,因为它们容易产生火花。

任务三 汽车定期维护作业的防火安全须知

(1)所有工作人员应当知道灭火器放在何处,如何使用。

(2)除非在吸烟区,否则不要吸烟,并且要确认将香烟熄灭在烟灰缸里。

(3)浸满汽油或机油的碎布有时可能自燃,所以它们应当被放置到带盖的金属容器内。

(4)在机油存储地或可燃的零件清洗剂附近,不要使用明火。

(5)千万不要在处于充电状态的电池附近使用明火或产生火花。因为明火和产生的火花可以点燃爆炸性气体。

(6)仅在必要时才将燃油或清洗溶剂携带到车间,携带时,还要使用能够密封的特制容器。

(7)不要将可燃性废机油和汽油丢弃到下水道里,因为它们可能导致排水管路系统产生火灾。应将这些材料倒入一个排出罐或者一个合适的容器内,集中加以处理。

(8)燃油泄漏的车辆没有修好之前,不要起动其发动机。修理燃油供给系统,例如拆卸汽油滤清器时,应当从蓄电池上断开负极电缆,以防止发动机被意外起动。

项目二 汽车发动机定期维护作业

汽车发动机的定期维护内容包括：
(1)更换机油及机油滤清器。
(2)更换发动机冷却液。
(3)更换发动机空气滤清器。
(4)更换发动机汽油滤清器。
(5)更换发动机火花塞。
(6)检查发动机燃油管路和排气管路。

任务一 更换机油和机油滤清器

一 学习目标

(1)能识别机油的类型。
(2)能更换机油。
(3)能更换机油滤清器。

二 学习重点

(1)更换机油和机油滤清器。
(2)更换机油和机油滤清器时应注意的问题。

三 学习难点

更换机油和机油滤清器的操作过程。

四 任务实施的教学器材

(1)发动机、机油滤清器、机油、相关维修材料。
(2)梅花扳手、套筒扳手、机油滤清器专用扳手、棉纱。

五 任务实施过程中应注意的问题

(1)机油的温度可能很高，小心不要被灼伤。
(2)机油中有有害物质，若皮肤上溅有机油，应及时清洗。
(3)用过的机油要用安全环保的方法加以处理。

(4)在选择机油的使用级时,高级机油可以在要求低的发动机上使用,但过多的降级使用不经济;切勿把使用级较低的机油注入要求较高的发动机中使用。

(5)按照汽车厂家建议机油的更换周期更换机油。

(6)用过的机油滤清器要用安全环保的方法加以处理。

六 任务实施的相关知识

(1)机油的作用是什么?

机油的作用:润滑、清洁、冷却、密封、防腐、减振。

(2)对机油的性能有哪些要求?

对机油的性能要求:良好的黏度与黏温特性、良好的剪切安定性、良好的低温黏度及低温泵送性、良好的氧化安定性、良好的防腐性、清净分散性、抗磨性和起泡性等。

(3)机油是如何分类的?

按 SAE 黏度分类:美国汽车工程师学会(SAE)制定黏度分类法,使用的是 SAEJ300-1987 黏度分类,按低温动力黏度、低温泵送性和100℃时的运动黏度分级,将 W 组系列(冬季机油)分为 0W、5W、10W、15W、20W 和 25W 六个级别,非 W 组系列(春秋和夏季用机油)有 20、30、40、50 和 60 五个级别。

按黏度等级分类,有单级油和多级油之分。单级油是仅标有一个黏度符号。多级油是使油既符合一个非 W 级,又至少符合一个 W 级黏度要求,并且两黏度级号之差至少等于15,这种油便是多级油。如10W/30、15W/40 等,多级油可在一定地区范围内冬夏通用,级号差越大,适用的地区范围越广,5W/40 可在很广的地区范围内冬夏通用。

按 API 使用分类(质量分类和性能分类):由美国石油协会(API)、美国汽车工程师学会(SAE)、美国材料及试验学会(ASTM)共同研究制定的,并纳入 SAE 标准(SAEJ183),把内燃机油分为 S 系列(汽油机油系列)有 SA-SJ 等级别,C 系列(柴油机油系列)有 CA-CF 等级别。

(4)为什么要定期更换机油?

机油性能的好坏直接影响到发动机的性能和使用寿命,所以我们必须选用合适的机油并及时进行更换。如果车辆过了换油周期而不更换机油的话,机油会发生变质或变脏。变质的机油会产生油泥影响发动机润滑,变质的机油本身的润滑作用会下降。另外,由于长期使用的机油中会混有金属碎屑,使机油内杂质变多,导致发动机内部的机械磨损加大,直接影响发动机的使用寿命。

机油一定要按照汽车厂家规定的发动机维护周期进行更换。

七 任务实施的操作过程(丰田卡罗拉)

🌲 第一步 更换机油

 将汽车停在平地上,将发动机起动几分钟等到发动机温度正常时,关掉发动机,打开机油加注口盖,并放在机油加注口上。

汽车发动机定期维护作业 项目二

> **操作小贴士**
>
> 将发动机预热至正常工作温度可以将机油排放得更干净。

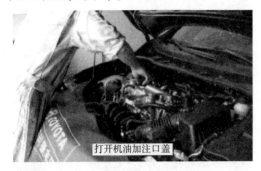
打开机油加注口盖

2 将车辆举升至规定位置。用扭力扳手或梅花扳手拧开发动机油底壳上的放油螺塞,用专用容器接住废机油,使机油完全排出。

> **操作小贴士**
>
> ①排放的机油温度可能很高,小心不要被烫伤。
> ②机油中有有害物质,若皮肤上溅有机油,一定要及时清洗。
> ③废机油应用专用容器存放,以便回收。
> ④更换机油的同时要更换放油螺塞及垫片。
> ⑤请使用扭力扳手或梅花扳手拧松放油螺塞。

3 拧上新的发动机油底壳上的放油螺塞,并用扭力扳手紧固到规定力矩。

> **操作小贴士**
>
> 机油放油螺塞的规定力矩是37N·m。

紧固排放塞37N·m

4 用专用机油滤清器专用扳手拆下机油滤清器,并放置在规定位置,便于回收。

> **操作小贴士**
>
> 机油滤清器属于金属类垃圾,可回收。

拆卸机油滤清器

5 检查新的机油滤清器和O形圈,在新机油滤清器O形圈上涂上少许机油。

5

汽车定期维护作业

操作小贴士

在新机油滤清器O形圈上涂上少许机油可以防止O形圈在安装时扭转。

机油滤清器密封圈抹油

固定。

操作小贴士

机油滤清器也可以用扭力扳手拧紧,力矩是25N·m。

擦干净机油滤清器四周,便于观察机油滤清器是否漏油。

紧固机油滤清器转动3/4圈

6 用干净棉布擦干净发动机上的安装表面,用手将机油滤清器拧到拧不动为止,然后用专用工具拧转3/4圈,将机油滤清器

7 加注机油至规定液位,检查机油液位,不足时应及时添加。安装机油加注口盖。

操作小贴士

机油的加注量因车而异,卡罗拉轿车的加注量是4.2L。

加注机油

🌲 第二步 检查机油液位

1 将汽车停在平地上,起动发动机,检查发动机是否漏油。当发动机熄火后,等几分钟后再检查机油液位。

操作小贴士

一定要检查机油是否泄漏。特别是更换机油滤清器后,如果检查不到位,一旦发动机漏油,可能会造成重大事故。

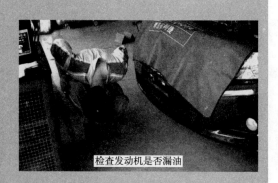
检查发动机是否漏油

2 拔出机油尺,用棉布擦干净。

检查发动机机油位

常。液位不正常应及时处理。

3 再将机油尺插入到底,取出机油尺。查看机油尺一端的刻度。如果在机油尺上切口和下切口中间部位,则表示机油液位正

4 按照环保要求处理废机油。

5 完成5S作业。

更换机油及机油滤清器任务实施工作页

班级:_____　　　姓名:_____

学习时间:_____　　　授课教师:_____

车型:_____　　　VIN:_____

作业序号	任务实施	任务实施记录完成状况	满 分	得 分
1	安装车轮挡块、三件套		5	
2	预热发动机,关闭发动机		5	
3	打开发动机舱盖		2	
4	安装翼子板布、前格栅布		5	
5	打开机油加注口盖,并放到机油加注口上		5	
6	安装车辆垫块		5	
7	举起车辆至规定位置		5	
8	拆下机油放油螺塞,排放机油		5	
9	用专用工具更换机油滤清器		5	
10	落下车辆至地面		5	
11	检查、记录机油型号		2	
12	记录、加注机油		5	
13	检查机油液位		2	
14	安装机油加注口盖		5	
15	起动发动机		2	
16	再次检查机油液位		5	

续上表

作业序号	任 务 实 施	任务实施记录完成状况	满 分	得 分
17	确定发动机无机油渗漏		5	
18	拆下翼子板布、前格栅布		5	
19	关闭发动机舱盖		2	
20	取下、整理三件套并放置到规定位置,移除车轮挡块		5	
21	清洁、整理工具及设备		5	
22	清洁、整理场地		5	
23	按环保要求处理废弃的机油		5	
学生自评			100	
教师综合评价				

八 思考与练习

1 任务实施完成后你应该掌握的内容

(1)任务实施内容有哪些?

(2)任务实施重点是什么?

(3)任务实施难点是什么?

2 任务实施完成后请你回答下列问题

(1)为什么一定要定期更换机油?

(2)更换机油应注意哪些问题?

(3)怎样更换机油?

(4)怎样检查机油液位高度?

(5)废机油应如何处置?

3 巩固练习

(1) A 说:机油的作用:润滑、清洁、冷却。
    B 说:最后紧固机油放油螺塞可以使用开口扳手。(　　)
    A．A 对　　　　B．B 对　　　　C．A、B 都对　　　　D．A、B 都不对

(2) A 说:每次更换机油时必须同时更换机油滤清器。
    B 说:每次更换机油时必须换用新的机油滤清器和 O 形圈。(　　)
    A．A 对　　　　B．B 对　　　　C．A、B 都对　　　　D．A、B 都不对

(3) A 说:废机油应用专用容器存放,以便回收。
    B 说:查看机油加注量,如果在机油尺上切口和下切口中间部位,则表示机油液位正常。(　　)
    A．A 对　　　　B．B 对　　　　C．A、B 都对　　　　D．A、B 都不对

(4) A 说:起动发动机后,不必再检查机油液位。
    B 说:在新机油滤清器 O 形圈上涂上少许机油可以防止 O 形圈在安装时扭转。(　　)
    A．A 对　　　　B．B 对　　　　C．A、B 都对　　　　D．A、B 都不对

(5) A 说:机油的加注量因车而异。
    B 说:机油一定要按照汽车厂家规定的发动机维护周期进行更换。(　　)
    A．A 对　　　　B．B 对　　　　C．A、B 都对　　　　D．A、B 都不对

(6) A 说:机油滤清器也可以用手直接拧紧即可。
    B 说:机油中有有害物质,若皮肤上溅有机油,一定要及时清洗。(　　)
    A．A 对　　　　B．B 对　　　　C．A、B 都对　　　　D．A、B 都不对

任务二　更换发动机冷却液

一　学习目标

(1)能识别发动机冷却液的类型。
(2)能更换发动机冷却液。
(3)能检查发动机冷却液液位。

二 学习重点

(1) 更换发动机冷却液。
(2) 更换发动机冷却液时应注意的问题。

三 学习难点

更换发动机冷却液的操作过程。

四 任务实施的教学器材

(1) 教具:发动机、冷却液、卡箍、胶管、相关维修材料。
(2) 常用工具:梅花扳手、套筒扳手、螺丝刀、棉纱等。

五 任务实施过程中应注意的问题

(1) 推荐使用高质量的发动机冷却液。
(2) 应按汽车厂家的建议定期更换发动机冷却液。
(3) 发动机冷却液可四季使用。
(4) 发动机冷却液有毒性,使用中应严防入口。
(5) 发动机冷却液在使用保管时,要特别防止石油制品混入,以免在受热后产生泡沫。
(6) 不同型号的发动机冷却液不能混装混用,以免起化学反应,破坏各自的综合防腐能力。
(7) 发动机过热时不要试图打开散热器盖。

六 任务实施的相关知识

(1) 冷却液的作用是什么?
冷却液的作用是防冻、防腐、防沸、防垢、防锈。
(2) 什么是冷却液?
冷却液由水、防冻剂、添加剂三部分组成,按防冻剂成分不同可分为酒精型、甘油型、乙二醇型等,按一定比例分别与水混合成为冷却液。目前国内外发动机所使用的和市场上所出售的冷却液几乎都是乙二醇型冷却液。

乙二醇(CH_2OHCH_2OH),又称甘醇,是目前最好的防冻剂。乙二醇的沸点高(197.4℃),与水混合后,混合液的冰点可显著下降,最低可达 -68℃,用不同比例的乙二醇和水可以配置成不同冰点的冷却液。

乙二醇型冷却液具有沸点高、蒸发损失少、冰点低、热容量大、冷却效果高,黏度小、流动性好等优点。缺点是有毒性、对金属有腐蚀作用、对橡胶有轻度侵蚀。目前的冷却液大多加有防腐剂和染色剂。

(3) 对冷却液的性能有哪些要求?
对冷却液的主要要求是:应有较低的冰点;传热效果好;对金属的腐蚀小;不损坏橡胶制

品;低温黏度不能太大;化学安定性好;泡沫少;蒸发损失少。

（4）为什么要定期更换发动机冷却液？

冷却液长时间不换,其中的防腐、防锈和防垢功能将会降低,这样会造成冷却系统故障,冷却系统机件发生锈蚀。机件表面结垢,致使冷却效果降低。

冷却液一定要按照汽车厂家规定的发动机维护周期进行更换。一般来说,冷却液每3~5年更换一次。

七 任务实施的操作内容

第一步　更换冷却液

1 拆下散热器盖。

打开发动机膨胀水箱盖

操作小贴士

发动机过热时不要试图打开散热器盖。

打开散热器盖时要先盖上一块湿布,以防高温蒸气外泄伤人。

2 拆下散热器放水螺塞。

打开发动机散热器放水开关

3 排出发动机散热器和缸体内的冷却液。

排出发动机冷却液

操作小贴士

①冷却液可能会过热,注意防护。

②防冻液及其添加剂均为有毒物质,请勿接触。

③放出的冷却液不宜再使用,应按环保要求处理。

4 拆下水管管夹,拆下散热器储液罐。

5 排空散热器储液罐内的冷却液。

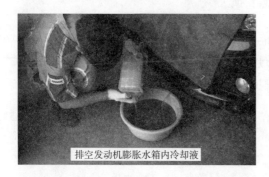

排空发动机膨胀水箱内冷却液

操作小贴士

一定要将储液罐内的残余冷却液排干净，防止新冷却液和旧冷却液混合。

6 安装散热器储液罐，安装散热器水管管夹。

安装发动机膨胀水箱

操作小贴士

安装散热器水管夹箍时一定要确保安装到位，以防水管漏水。

7 拧紧散热器放水螺塞。

关闭发动机散热器放水开关

8 将发动机冷却液注入散热器储液罐，用手按压散热器水管，排出冷却系统内的空气。直至液面达到 FULL（满）刻线为止。

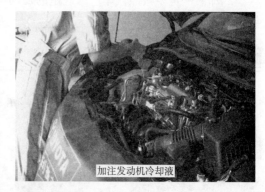

加注发动机冷却液

操作小贴士

应选用厂家规定的品牌型号的冷却液。

先加入一部分冷却液，再按压水管，散热器储液罐的水位会下降，然后再加入一部分冷却液，再次按压水管，散热器储液罐的水位还会下降，如此反复，直到散热器储液罐的水位不再下降，起动发动机后，散热器储液罐的水位有可能还会下降，应及时添加。

9 起动发动机并使其达到节温器开启温度，将发动机以 3000r/min 的转速运转 3 次。再检查储液罐内冷却液液位高度应在 FULL（满）位置。

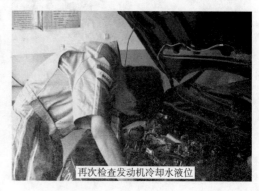

再次检查发动机冷却水液位

第二步 检查发动机冷却系统管路

1 起动发动机,检查发动机冷却管路和接头有无渗漏,各管箍是否安装可靠,软管有无老化,破损。

操作小贴士

检查发动机冷却系统管路时,要注意管路可能会很烫,一定要戴手套检查,不要被烫伤。

手一定要远离旋转的机件,防止受伤。

2 完成5S作业。

更换发动机冷却液任务实施工作页

班级:_____　　　　　姓名:_____
学习时间:_____　　　　　授课教师:_____
车型:_____　　　　　VIN:_____

作业序号	任务实施	任务实施记录完成状况	满分	得分
1	安装车轮挡块、安装三件套		5	
2	打开发动机舱盖		2	
3	安装翼子板布、前格栅布		5	
4	打开膨胀水箱盖		2	
5	拆下散热器放水螺塞,汽缸体放水螺塞,打开放气螺塞,将发动机散热器内的冷却液排放干净		5	
6	拆下储液罐		5	
7	彻底排尽储液罐内的冷却液		5	
8	安装储液罐		5	
9	拧紧散热器放水螺塞		3	
10	检查、记录发动机冷却液牌号		5	
11	检查、记录发动机冷却液加注量		5	
12	将发动机冷却液注入膨胀水箱,用手按压水管,排出水管内的空气。直至液面达到FULL(满)刻线为止		5	
13	拧紧膨胀水箱盖		3	
14	起动发动机并使其达到节温器开启温度,将发动机以3000r/min 的转速运转3次		5	

续上表

作业序号	任务实施	任务实施记录完成状况	满分	得分
15	再次检查储液罐内冷却液液位高度,确认冷却液液位应在FULL(满)位置		5	
16	确认发动机冷却液是否泄漏		3	
17	关闭发动机		2	
18	拆下翼子板布、前格栅布		5	
19	关闭发动机舱盖		2	
20	取下、整理三件套并放置到规定位置,移除车轮挡块		8	
21	清洁、整理工具及设备		5	
22	清洁、整理场地		5	
23	按环保要求处理废弃的冷却液		5	
学生自评			100	
教师综合评价				

八 思考与练习

1 任务实施完成后你应该掌握的内容

(1)任务实施内容有哪些?

(2)任务实施重点是什么?

(3)任务实施难点是什么?

2 任务实施完成后请你回答下列问题

(1)为什么一定要定期更换发动机冷却液?

(2)更换发动机冷却液应注意哪些问题?

(3)怎样更换发动机冷却液?

(4)冷却液应如何处置？

3 巩固练习

(1) A 说:检查发动机冷却系统管路时一定要戴手套,不要被烫伤。
    B 说:手一定要远离旋转的机件,防止受伤。（　　）
    A. A 对　　　B. B 对　　　C. A、B 都对　　　D. A、B 都不对

(2) A 说:起动发动机,检查发动机冷却管路和接头有无渗漏,软管有无老化、破损。
    B 说:起动发动机并使其达到节温器开启温度,再检查储液罐内冷却液液位高度位置。（　　）
    A. A 对　　　B. B 对　　　C. A、B 都对　　　D. A、B 都不对

(3) A 说:更换冷却液应选用厂家规定牌号的冷却液。
    B 说:安装散热器水管夹箍时一定要确保安装到位,以防水管漏水。（　　）
    A. A 对　　　B. B 对　　　C. A、B 都对　　　D. A、B 都不对

(4) A 说:新冷却液和旧冷却液可以混合,以达到节约的目的。
    B 说:应将废弃的冷却液倒入下水道。（　　）
    A. A 对　　　B. B 对　　　C. A、B 都对　　　D. A、B 都不对

(5) A 说:冷却液可能会过热,应戴手套进行作业。
    B 说:发动机过热时不要试图打开散热器盖。（　　）
    A. A 对　　　B. B 对　　　C. A、B 都对　　　D. A、B 都不对

任务三　更换发动机空气滤清器

一　学习目标

能更换空气滤清器。

二　学习重点

(1) 更换空气滤清器。
(2) 空气滤清器的作用。

三　学习难点

更换空气滤清器的操作过程。

四　任务实施的教学器材

(1) 教具:发动机、空气滤清器、相关维修材料。
(2) 常用工具:梅花扳手、套筒扳手、螺丝刀、棉纱等。

汽车定期维护作业

五 任务实施过程中应注意的问题

空气滤清器拆下后,不要起动发动机,以免引起发动机过度磨损,回火也会引起发动机舱着火。

六 任务实施的相关知识

(1)空气滤清器的作用是什么?
①过滤空气中的杂质。
②减少发动机的磨损。
③消除进气噪声。

(2)对空气滤清器有哪些要求?
各种空气滤清器各有优缺点,但不可避免地都存在进气量与滤清效率之间的矛盾。随着对空气滤清器的深入研究,对空气滤清器的要求也越来越高。

近年来,出现了一些新型的空气滤清器,如纤维滤芯空气滤清器、复式过滤材料空气滤清器、消声空气滤清器、恒温空气滤清器等,以满足发动机工作的需要。

(3)为什么要定期更换发动机空气滤清器?
空气滤清器在使用到一定里程后,就会被尘土堵塞,使空气滤清效果变差,使发动机磨损加剧,使用寿命降低。还会导致发动机的进气阻力增加,充气效率降低,出现混合气燃烧不完全、发动机动力下降等故障现象,因此一定要定期更换空气滤清器,使发动机保持良好状态。

更换空气滤清器周期应以汽车厂家维修手册为准。

七 任务实施的操作内容

★ 更换空气滤清器

1 检查或更换空气滤清器时,应先关闭发动机,清洁空气滤清器外表面。

操作小贴士

更换空气滤清器前,一定要关闭发动机,以防止异物进入发动机。

2 打开空气滤清器两边的安装夹子,然后拆下空气滤清器外壳。

操作小贴士

拆卸空气滤清器外壳可能根据车型的不同拆卸方法也不同。

打开空气滤清器外壳

3 取出空气滤清器滤芯

操作小贴士

空气滤清器滤芯可回收。

取出空气滤清器滤芯

擦去空气滤清器内部接触面上的灰尘。

清洁空气滤清器内部

4 在安装新的空气滤清器滤芯前,应先

5 装入新的空气滤清器滤芯,装上空气滤清器外壳。

6 完成5S作业。

更换空气滤清器滤芯

更换发动机空气滤清器任务实施工作页

班级:_____　　　　　姓名:_____
学习时间:_____　　　授课教师:_____
车型:_____　　　　　VIN:_____

作业序号	任务实施	任务实施记录完成状况	满分	得分
1	安装车轮挡块、安装三件套		5	
2	打开发动机舱盖		2	
3	打开空气滤清器外壳		13	
4	取出空气滤清器滤芯		10	
5	清洁空气滤清器内部		10	
6	检查、记录空气滤清器滤芯型号		10	
7	装上新的空气滤清器滤芯		10	
8	安装空气滤清器外壳		15	
9	拆下翼子板布、前格栅布		5	
10	关闭发动机舱盖		2	

汽车定期维护作业

续上表

作业序号	任务实施	任务实施记录完成状况	满分	得分
11	取下、整理三件套并放置到规定位置,移除车轮挡块		8	
12	清洁、整理工具及设备		5	
13	清洁、整理场地		5	
学生自评			100	
教师综合评价				

八 思考与练习

1 任务实施完成后你应该掌握的内容

(1)任务实施内容有哪些?

(2)任务实施重点是什么?

(3)任务实施难点是什么?

2 任务实施完成后请你回答下列问题

(1)为什么一定要定期更换发动机空气滤清器?

(2)更换发动机空气滤清器应注意哪些问题?

(3)怎样更换发动机空气滤清器?

3 巩固练习

(1)A说:空气滤清器拆下后,可以起动发动机,但时间不宜过长。

B说:各种空气滤清器不可避免地都存在进气量与滤清效率之间的矛盾。(　　)

  A. A对　　　　B. B对　　　　C. A、B都对　　　　D. A、B都不对

(2) A说:在安装新的空气滤清器滤芯前,应先擦去空气滤清器外部接触面上的灰尘。

  B说:拆卸空气滤清器外壳可能根据车型的不同拆卸方法也不同。(　　)

  A. A对　　　　B. B对　　　　C. A、B都对　　　　D. A、B都不对

(3) A说:空气滤清器滤芯不可回收。

  B说:更换空气滤清器前,一定要关闭发动机,以防止异物进入发动机。(　　)

  A. A对　　　　B. B对　　　　C. A、B都对　　　　D. A、B都不对

(4) A说:更换空气滤清器周期应以汽车厂家维修手册为准。

  B说:空气滤清器的作用是:过滤空气中的杂质、减少发动机的磨损、消除进气噪声。(　　)

  A. A对　　　　B. B对　　　　C. A、B都对　　　　D. A、B都不对

任务四　更换发动机汽油滤清器

一　学习目标

能更换发动机汽油滤清器。

二　学习重点

(1) 更换发动机汽油滤清器。
(2) 更换发动机汽油滤清器时应注意的问题。

三　学习难点

更换发动机汽油滤清器的操作过程。

四　任务实施的教学器材

(1) 教具:发动机、汽油滤清器、相关维修材料。
(2) 常用工具:梅花扳手、套筒扳手、螺丝刀、油盘、棉纱等。

五　任务实施过程中应注意的问题

(1) 为了防止燃油泄漏,需要断开燃油泵的电气连接器,运行发动机,并且在更换燃油滤清器以前放空燃油管路中的燃油。
(2) 汽油滤清器的安装方向不能反。
(3) 汽油是易燃物,要做好防火措施。

六 任务实施的相关知识

（1）汽油滤清器的作用是什么？

汽油滤清器的作用是将汽油中的水分和杂质滤除。保证发动机燃油系统的正常工作，减少发动机燃油系统机件的磨损，延长发动机使用寿命。

汽油滤清器的滤芯多采用滤纸，也有使用尼龙布、高分子材料的。

（2）为什么要定期更换发动机汽油滤清器？

由于汽油是经过复杂的化学工艺提炼而成的，经过运输过程或加油站，不可避免地会掺入一些水分和杂质，最终都会进入油箱内。另外，随着汽车使用里程的增加，油箱内的水分和杂质也会相应增加。这样，时间久了用于过滤汽油的汽油滤清器就会出现脏污，过滤效果就会大大降低，使发动机燃油系统不能正常工作，造成发动机动力下降，经济性变差。

汽油滤清器一定要按照汽车厂家规定的发动机维护周期进行更换。

七 任务实施的操作内容

🌲 更换汽油滤清器

1 为防止燃油的系统压力过大和燃油泄漏，需要先断开燃油泵的电路连接。

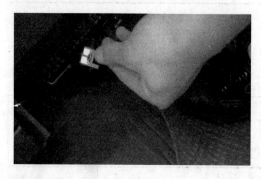

2 起动发动机，将燃油管路中的燃油燃烧干净。使发动机自然熄火。再次起动发动机，发动机无法起动。

操作小贴士

断开燃油泵的电路连接，起动发动机降低燃油系统的压力，防止拆卸燃油管路时燃油过多泄漏，造成安全隐患。

3 拆下汽油滤清器固定螺栓。

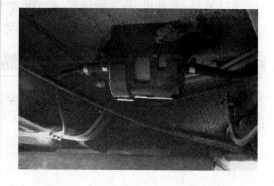

4 松开燃油管路接头,拆下汽油滤清器。

操作小贴士

更换汽油滤清器一定要做好安全防火措施。

要用容器接住泄漏的燃油,防止燃油漏到地面上,造成安全隐患。

汽油滤清器属于回收零件。

5 换上新的汽油滤清器,连接燃油管路接头。

操作小贴士

注意汽油滤清器的安装方向,安装箭头应朝向发动机方向。

连接燃油管路应确保牢固可靠,防止造成燃油泄漏。

6 连接燃油泵的电路。

7 起动发动机,观察汽油滤清器有无漏油现象。

操作小贴士

观察汽油滤清器及管路有无泄漏,用手或抹布清洁管路接头,观察手上或抹布上是否有燃油。有燃油说明管路有燃油泄漏。

8 完成5S作业。

更换发动机汽油滤清器任务实施工作页

班级:＿＿＿＿＿＿ 姓名:＿＿＿＿＿＿

学习时间:＿＿＿＿＿＿ 授课教师:＿＿＿＿＿＿

车型:＿＿＿＿＿＿ VIN:＿＿＿＿＿＿

汽车定期维护作业

作业序号	任务实施	任务实施记录完成状况	满 分	得 分
1	安装车轮挡块、安装三件套		5	
2	断开燃油泵的电路连接		7	
3	起动发动机,将燃油管路中的燃油燃烧干净。使发动机自然熄火		7	
4	再次起动发动机,发动机无法起动		5	
5	安装车辆垫块		5	
6	举起车辆至规定位置		5	
7	松开燃油管路接头,拆下汽油滤清器固定螺栓,拆下汽油滤清器		7	
8	检查、记录汽油滤清器型号		5	
9	安装一个新的汽油滤清器,连接燃油管路接头		7	
10	连接燃油泵的电路		7	
11	落下车辆至地面		5	
12	移除车辆垫块		5	
13	起动发动机,观察汽油滤清器和管路有无漏油现象		7	
14	关闭发动机		5	
15	取下、整理三件套并放置到规定位置,移除车轮挡块		8	
16	清洁、整理工具及设备		5	
17	清洁、整理场地		5	
学生自评			100	
教师综合评价				

八 思考与练习

1 任务实施完成后你应该掌握的内容

(1)任务实施内容有哪些?

(2)任务实施重点是什么?

(3)任务实施难点是什么?

2 任务实施完成后请你回答下列问题

(1)为什么一定要定期更换发动机汽油滤清器?

(2)更换发动机更换汽油滤清器应注意哪些问题?

(3)怎样更换发动机汽油滤清器?

3 巩固练习

(1)A 说:连接燃油管路应确保牢固可靠,防止造成燃油泄漏。
　　B 说:汽油滤清器不属于回收零件。(　　)
　　A. A 对　　　　B. B 对　　　　C. A、B 都对　　　　D. A、B 都不对

(2)A 说:为防止燃油的系统压力过大和燃油泄漏,需要先断开燃油泵油管。
　　B 说:汽油滤清器一定要按照汽车厂家规定的发动机维护周期进行更换。(　　)
　　A. A 对　　　　B. B 对　　　　C. A、B 都对　　　　D. A、B 都不对

(3)A 说:汽油滤清器的安装方向没有规定。
　　B 说:汽油滤清器的作用是将汽油中的水分和杂质滤除。(　　)
　　A. A 对　　　　B. B 对　　　　C. A、B 都对　　　　D. A、B 都不对

(4)A 说:汽油滤清器的滤芯多采用滤纸,也有使用尼龙布、高分子材料的。
　　B 说:由于汽油是经过复杂的化学工艺提炼而成的,经过运输过程或加油站,不可避免地会掺入一些水分和杂质,最终都会进入油箱内。(　　)
　　A. A 对　　　　B. B 对　　　　C. A、B 都对　　　　D. A、B 都不对

任务五　更换发动机火花塞

一 学习目标

能更换发动机火花塞。

二 学习重点

(1)更换发动机火花塞。
(2)更换发动机火花塞时应注意的问题。

三 学习难点

更换发动机火花塞的操作过程。

四 任务实施的教学器材

（1）教具：发动机、火花塞、相关维修材料。
（2）常用工具：火花塞高压线钳、火花塞螺丝刀、火花塞专用扳手、棉纱等。

五 任务实施过程中应注意的问题

（1）维护作业时发动机可能过热，不要被烫伤。
（2）火花塞孔打开期间不要让外物进入燃烧室。
（3）拆卸高压导线时不要用手直接拔导线。
（4）螺钉周围、火花塞电极和密封垫必须保持清洁，干燥无油污，否则会引发漏电、漏气、火花减弱等故障。
（5）不要试图调整铂电极型或铱电极型火花塞间隙。
（6）不要使用火花塞清洁剂清洁铂电极型或铱电极型火花塞。
（7）安装时，先用套筒将火花塞对准螺孔，用手轻轻拧入，拧到约螺纹全长的1/2后，再用加力杠杆紧固。若拧动时手感不畅，应退出检查是否对正螺口或螺纹中有无夹带杂质，切不可盲目加力紧固，以免损伤螺孔，殃及缸盖，特别是铝合金缸盖。
（8）应按要求力矩拧紧火花塞，过松会造成漏气，过紧使密封垫失去弹性，同样会造成漏气。锥座型火花塞由于不用密封垫，遵守拧紧力矩尤显重要。

六 任务实施的相关知识

（1）火花塞的作用是什么？
火花塞的作用是将点火线圈产生的高压电引入发动机燃烧室内，在其电极间形成点火花，点燃可燃混合气。
（2）对火花塞的性能有什么要求？
①火花塞必须有足够的机械强度。
②火花塞的绝缘体应具有足够的绝缘强度。
③火花塞的电极应使用难溶、耐腐蚀的材料制成。
④火花塞应有适当的电极间隙和安装位置，气密性良好。
（3）常用火花塞的类型有哪些？
常用火花塞的类型有标准型火花塞、电极突出型火花塞、细电极型火花塞、铜电极型火花塞、多电极型火花塞、电阻型火花塞。
（4）为什么一定要定期更换发动机火花塞？
通常火花塞使用寿命为15000km，长效火花塞使用寿命为30000km。一般随着发动机的运行时间或汽车行驶里程的增加，火花塞的两电极间的间隙会逐渐增大，使火花塞的点火电压不断地上升，会越来越接近点火线圈所提供的电压极限，造成点火越来越困难，并最终发生断火。使发动机的工作状况变坏、动力性下降、经济性变差。

七 任务实施的操作内容

▲ 更换发动机火花塞

1 拆开蓄电池负极连接线。

操作小贴士

拆下蓄电池负极连接线,防止线路搭铁。

注意有的汽车不能拆下蓄电池负极连接线,因为这样会造成 ECU 数据丢失。

拆卸蓄电池负极

2 断开点火线圈连接器。

操作小贴士

发动机可能过热,不要被烫伤。

按压点火线圈连接器卡扣,向外拉出点火线圈连接器。

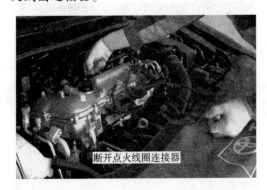
断开点火线圈连接器

3 拆卸点火线圈总成固定螺栓。

拆卸点火线圈总成固定螺栓

4 拔出点火线圈总成。

拆下点火线圈总成

5 拆卸火花塞,用干净布盖住火花塞孔。

操作小贴士

用火花塞专用扳手拆卸火花塞,用干净布盖住火花塞孔,防止异物掉入汽缸内。

拆卸火花塞

6 检查火花塞。

操作小贴士

①检查火花塞电极边缘未被完全磨掉或变圆。

②使用一个火花塞间隙规检查火花塞间隙。如果是铂金火花塞或铱金火花塞请勿调整火花塞间隙。

③检查火花塞绝缘体是否有裂纹,螺纹是否损坏。

④检查火花塞电极表面是否有湿炭痕迹、绝缘体是否咬住。

检查火花塞

7 取下盖布,安装火花塞。

操作小贴士

安装火花塞一定要用专用工具,用手将火花塞拧到底。

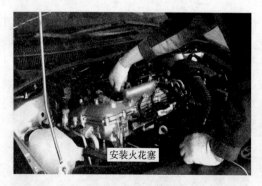
安装火花塞

8 紧固火花塞至规定力矩。

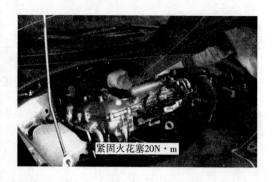
紧固火花塞20N·m

9 安装点火线圈总成,将点火线圈总成固定螺栓拧到规定力矩。

操作小贴士

一定要将点火线圈总成插到底,防止歪斜。以便安装点火线圈总成固定螺栓。

安装点火线圈总成

10 安装点火线圈连接器。

安装点火线圈连接器

11 接上蓄电池负极连接线,并紧固到规定力矩。

紧固蓄电池负极10N·m

12 起动发动机,观察发动机运转状况。

操作小贴士

发动机应运转正常,怠速运转稳定。

13 完成作业。

更换发动机火花塞任务实施工作页

班级：＿＿＿＿＿＿＿＿＿＿　　　姓名：＿＿＿＿＿＿＿＿＿

学习时间：＿＿＿＿＿＿＿　　　授课教师：＿＿＿＿＿＿＿

车型：＿＿＿＿＿＿＿＿＿＿　　　VIN：＿＿＿＿＿＿＿＿＿

作业序号	任务实施	任务实施记录完成状况	满分	得分
1	安装车轮挡块、安装三件套		5	
2	打开发动机舱盖		2	
3	安装翼子板布、前格栅布		5	
4	拆开蓄电池负极连接		5	
5	断开点火线圈连接器		5	
6	拆卸点火线圈总成固定螺栓		5	
7	拆下点火线圈总成		5	
8	拆卸火花塞,用干净布盖住火花塞孔		5	
9	检查火花塞		8	
10	取下盖布,安装火花塞		5	
11	紧固火花塞至规定力矩		5	
12	安装点火线圈总成,将点火线圈总成固定螺栓拧到规定力矩		5	
13	安装点火线圈连接器		5	
14	接上蓄电池负极连接线,并紧固到规定力矩		5	
15	起动发动机,观察发动机运转状况		2	
16	确认发动机工作正常,关闭发动机		3	
17	拆下翼子板布、前格栅布		5	

续上表

作业序号	任 务 实 施	任务实施记录完成状况	满 分	得 分
18	关闭发动机舱盖		2	
19	取下、整理三件套并放置到规定位置,移除车轮挡块		8	
20	清洁、整理工具及设备		5	
21	清洁、整理场地		5	
学生自评			100	
教师综合评价				

八 思考与练习

1 任务实施完成后你应该掌握的内容

(1)任务实施内容有哪些?

(2)任务实施重点是什么?

(3)任务实施难点是什么?

2 任务实施完成后请你回答下列问题

(1)为什么一定要定期更换发动机火花塞?

(2)更换发动机火花塞应注意哪些问题?

(3)怎样更换发动机火花塞?

3 巩固练习

(1)A 说:火花塞的作用是将点火线圈产生的高压电引入发动机燃烧室内,在其电极间形成点火花,点燃可燃混合气。

B 说:拆卸高压导线时不要用手直接拔导线。（　　）

  A. A 对　　　　B. B 对　　　　C. A、B 都对　　　　D. A、B 都不对

(2) A 说:安装火花塞一定要用专用工具,直接将火花塞紧固至规定力矩。

B 说:火花塞的间隙是 1~1.5cm。（　　）

  A. A 对　　　　B. B 对　　　　C. A、B 都对　　　　D. A、B 都不对

(3) A 说:火花塞的绝缘体应具有足够的绝缘强度。

B 说:不要试图调整铂电极型或铱电极型火花塞间隙。（　　）

  A. A 对　　　　B. B 对　　　　C. A、B 都对　　　　D. A、B 都不对

(4) A 说:螺钉周围、火花塞电极和密封垫必须保持清洁,干燥无油污,否则会引发漏电、漏气、火花减弱等故障。

B 说:火花塞应有适当的电极间隙和安装位置,气密性良好。（　　）

  A. A 对　　　　B. B 对　　　　C. A、B 都对　　　　D. A、B 都不对

(5) A 说:维护作业时发动机可能过热,不要被烫伤。

B 说:拆卸高压导线时不要用手直接拔导线。（　　）

  A. A 对　　　　B. B 对　　　　C. A、B 都对　　　　D. A、B 都不对

任务六　检查发动机燃油管路和排气管路

一　学习目标

会检查发动机燃油管路和排气管路。

二　学习重点

(1) 检查发动机燃油管路和排气管路。

(2) 检查发动机燃油管路和排气管路时应注意的问题。

三　学习难点

检查发动机燃油管路和排气管路的操作过程。

四　任务实施的教学器材

(1) 教具:汽车整车、剪式举升机、相关维修材料。

(2) 常用工具:手电筒、呆板手、手套、棉纱等。

五　任务实施过程中应注意的问题

(1) 检查作业时排气管路可能过热,小心被烫伤。

(2)检修燃油管路应重点注意管路的接头或卡箍。

六 任务实施的相关知识

(1)为什么要检查发动机排气管路?

发动机排气管是汽车底部最容易受损的部件之一。排气管是否有磕碰、锈蚀情况,排气管接头是否有气体泄漏,排气管是否有排气声音异常,三元催化器是否堵塞等问题都会影响发动机的正常工作。

(2)为什么要检查发动机燃油管路?

发动机燃油管路是汽车管路中最重要的管路之一。发动机燃油管路一旦破损,轻则造成燃油泄漏,影响发动机的正常工作,造成发动机动力不足。严重时还会形成起火事故,造成车毁人亡的严重后果。

七 任务实施的操作内容

🌲 检查发动机燃油管路和排气管路

1 检查燃油管路和接头有无泄漏,松动。

操作小贴士

如果有油渍则说明管路或接头有泄漏。燃油管路一旦泄漏可能会造成严重的后果,甚至引起火灾。

2 检查软管有无裂纹、损坏和损伤。

操作小贴士

检查软管有无裂纹、损坏和损伤要用手电筒照,用手按压软管观察。

3 检查所有固定夹箍工作可靠。

4 检查排气管路和接头有无泄漏,松动。

操作小贴士

注意排气管可能很热,注意不要被烫伤。一定要戴手套。

5 检查排气管路有无裂纹、损坏和破损,确保所有固定部位工作可靠,接头无松动。

操作小贴士

检查排气管路要用手摸或用眼看。如果发现有黑灰渍则说明排气管路有破损或漏气。

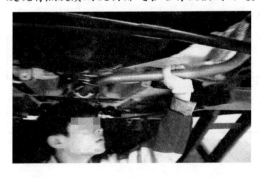

6 吊挂完好无破损。

操作小贴士

检查吊挂可用手拉动排气管。

7 消声器无破损,状况良好。

操作小贴士

检查消声器要用手摸或用眼看。如果发现有黑灰渍或水渍则说明排气管路有破损或漏气。

检查发动机燃油管路和排气管路任务实施工作页

班级:_____ 姓名:_____

学习时间:_____ 授课教师:_____

车型:_____ VIN:_____

作业序号	任务实施	任务实施记录完成状况	满 分	得 分
1	安装车轮挡块、安装三件套		5	
2	打开发动机罩		2	
3	安装翼子板布、前格栅布		5	

汽车定期维护作业

续上表

作业序号	任务实施	任务实施记录完成状况	满 分	得 分
4	安装车辆垫块		5	
5	举起车辆至规定位置		5	
6	检查燃油管路和接头有无泄漏、松动		7	
7	检查软管有无裂纹、老化和损伤		7	
8	检查所有固定夹箍工作是否可靠		7	
9	检查排气管路和接头有无泄漏、松动		5	
10	检查排气管路有无裂纹、损坏和破损		5	
11	吊挂完好无破损		5	
12	消声器无破损,状况良好		7	
13	落下车辆		5	
14	收好车辆垫块		5	
15	拆下翼子板布、前格栅布		5	
16	关闭发动机罩		2	
17	取下、整理三件套并放置到规定位置,移除车轮挡块		8	
18	清洁、整理工具及设备		5	
19	清洁、整理场地		5	
学生自评			100	
教师综合评价				

八 思考与练习

1 任务实施完成后你应该掌握的内容

(1)任务实施内容有哪些?

(2)任务实施重点是什么?

(3)任务实施难点是什么?

❷ 任务实施完成后请你回答下列问题

（1）为什么要检查发动机排气管路？

（2）为什么要检查发动机燃油管路？

（3）检查发动机燃油管路和排气管路应注意哪些问题？

（4）怎样检查发动机燃油管路和排气管路？

❸ 巩固练习

（1）A 说：如果发现有黑灰渍或水渍则说明排气管路有破损或漏气。
　　B 说：检查排气管一定要戴手套。（　　）
　　A. A 对　　　　B. B 对　　　　C. A、B 都对　　　　D. A、B 都不对

（2）A 说：软管有无裂纹、损坏和损伤要用手电筒检查，用手按压软管观察。
　　B 说：排气管路应确保所有固定部位工作可靠，接头无松动。（　　）
　　A. A 对　　　　B. B 对　　　　C. A、B 都对　　　　D. A、B 都不对

（3）A 说：发动机排气管是汽车底部最容易受损的部件之一。
　　B 说：三元催化器堵塞等问题不会影响发动机的正常工作。（　　）
　　A. A 对　　　　B. B 对　　　　C. A、B 都对　　　　D. A、B 都不对

（4）A 说：燃油管路一旦泄漏不可能引起火灾。
　　B 说：检查排气管吊挂可用手电筒。（　　）
　　A. A 对　　　　B. B 对　　　　C. A、B 都对　　　　D. A、B 都不对

（5）A 说：检查消声器可用目视法检查。
　　B 说：检修燃油管路应重点注意管路的接头或卡箍。（　　）
　　A. A 对　　　　B. B 对　　　　C. A、B 都对　　　　D. A、B 都不对

项目三 汽车底盘定期维护作业

汽车底盘定期维护作业内容包括：
（1）检查制动器踏板各项参数。
（2）更换制动液。
（3）更换自动变速器油液。
（4）更换手动变速器齿轮油。
（5）检查盘式制动器。
（6）检查轮胎状况。
（7）检查车轮定位。
（8）检查制动管路。
（9）检查离合器踏板各项参数。
（10）检查驻车制动器。
（11）检查转向盘性能。
（12）检查转向连杆机构。
（13）检查汽车驱动轴护套。
（14）检查汽车底部螺栓。
（15）检查汽车传动轴。
（16）检查汽车悬架组件。

任务一 检查制动器踏板性能状况

一 学习目标

检查制动器踏板性能状况。

二 学习重点

（1）检查制动真空助力器性能状况。
（2）检查制动器踏板性能状况。
（3）检查制动器踏板性能状况时应注意的问题。

三 学习难点

检查制动真空助力器性能状况的操作过程。

四 任务实施的教学器材

（1）教具：汽车整车、相关维修材料。
（2）常用工具：直尺、抹布。

五 任务实施过程中应注意的问题

检查制动器踏板性能状况时一定要按照维修手册规定起动或关闭发动机。

六 任务实施的相关知识

（1）什么是制动踏板高度？

将发动机熄火，踩制动踏板数次，使之耗尽真空度为止。此时的制动踏板到地板的距离，即为制动踏板高度。

（2）什么是制动踏板自由行程？

在制动踏板高度符合要求后，将发动机熄火，踩制动踏板数次，使之耗尽真空度为止。此时用手向下推动制动踏板，感觉到略有阻力时停住，此段制动踏板的行程，即为制动踏板自由行程。

（3）什么是制动踏板行程余量？

起动发动机，用力将制动踏板踩到底，此时制动踏板到地板之间的距离，即为制动踏板行程余量。

（4）为什么要检查制动器踏板各项参数性能状况？

因为制动器踏板各项参数可以直接或间接地反映出制动系统的好坏。如通过检查制动踏板自由行程，可以了解制动系统部件连接件之间的间隙大小。如通过反复踩动制动踏板，可以了解真空助力器的工作状态。

七 任务实施的操作内容

▲ 第一步 检查制动踏板性能状况

操作小贴士

通过检查制动踏板性能状况，可以了解制动系统工作的好坏。

1 通过使用制动踏板检查确保制动踏板反应灵敏。

检查制动踏板的响应性

汽车定期维护作业

2 制动踏板不完全落下、无异常噪声、无过度松动。

检查制动踏板有无松动

3 检查制动器踏板高度。
操作小贴士

使用一把直尺测量从地板到制动踏板上表面的距离（测量制动踏板中间位置）。

测量制动踏板高度

4 检查制动踏板自由行程。
操作小贴士

发动机停止后，踩下制动踏板几次，以便解除制动助力器。然后使用手指轻轻按压制动踏板到略有阻力为止，并使用一把直尺测量制动踏板按下的行程，此行程即为制动踏板自由行程。

测量制动踏板自由行程

5 检查制动踏板行程。
操作小贴士

发动机运转和驻车制动器松开后，用力将制动踏板踩到底，然后使用一把直尺测量制动踏板到地板之间的距离。然后用制动踏板自由高度到地板的距离减去制动踏板踩到底时与地板之间的距离，其差值就是制动踏板行程。

6 检查制动踏板行程余量。
操作小贴士

发动机运转，松开驻车制动器，用力将制动踏板踩到底，用一把直尺测量制动踏板与地板之间的距离。此距离即为制动踏板行程余量。

测量制动踏板制动余量

第二步　检查制动真空助力器

1 检查制动真空助力器工作状况。
操作小贴士

发动机停机，踩压制动踏板数次，再踩住制动踏板时，要求制动踏板高度没有变化，踩住制动踏板后，起动发动机，检查制动踏板是否继续下沉（应该下沉）。

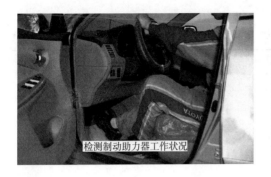

检测制动助力器工作状况

2 检查制动真空助力器气密性（检查制动助力器的真空、恒压室和变压室是否密封、空气阀是否完好）。

🛈 操作小贴士

起动发动机，让发动机运转 1~2min 然后停下，检查制动踏板每次踩下后（踩下数次）制动踏板返回距离是否越来越小（应该越来越小、踏板越踩越硬）。

3 检查制动真空助力器真空性能（检查制动助力器真空压力是否泄漏）。

🛈 操作小贴士

起动发动机，踩下制动踏板并保持 30s 后停止发动机，要求制动踏板高度没有变化。

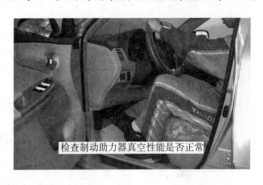

检查制动助力器真空性能是否正常

检查制动器踏板性能状况任务实施工作页

班级：_____   姓名：_____
学习时间：_____   授课教师：_____
车型：_____   VIN：_____

作业序号	任 务 实 施	任务实施记录完成状况	满 分	得 分
1	安装车轮挡块、三件套		5	
2	使用制动踏板检查确保制动踏板反应灵敏		10	
3	制动踏板不完全落下、无异常噪声、无过度松动		10	
4	检查制动器踏板高度		10	
5	检查制动踏板自由行程		10	
6	检查制动踏板行程余量		7	
7	检查制动真空助力器工作状况		10	
8	检查制动真空助力器气密性		10	
9	检查制动真空助力器真空性能		10	
10	取下、整理三件套并放置到规定位置，移除车轮挡块		8	
11	清洁、整理工具及设备		5	
12	清洁、整理场地		5	
学生自评			100	
教师综合评价				

八 思考与练习

1 任务实施完成后你应该掌握的内容

(1)任务实施内容有哪些?

(2)任务实施重点是什么?

(3)任务实施难点是什么?

2 任务实施完成后请你回答下列问题

(1)为什么要检查制动真空助力器性能状况?

(2)为什么要检查制动器踏板性能状况?

(3)检查制动器踏板性能状况时应注意哪些问题?

(4)怎样检查制动真空助力器性能状况?

3 巩固练习

(1) A 说:检查制动器踏板性能状况时一定要按照维修手册规定起动或关闭发动机。
　　B 说:将发动机熄火,踩制动踏板数次,使之耗尽真空度为止。此时的制动踏板到地板的距离即为制动踏板自由行程。(　　)
　　A.A 对　　　　B.B 对　　　　C.A、B 都对　　　　D.A、B 都不对

(2) A 说:在制动踏板高度符合要求后,将发动机熄火,踩制动踏板数次,使之耗尽真空度为止。此时用手向下推动制动踏板,感觉到略有阻力时停住,此段制动踏板的行程即为制动踏板自由行程。
　　B 说:起动发动机,用力将制动踏板踩到底,此时制动踏板到地板之间的距离,即为制动踏板行程余量。(　　)
　　A.A 对　　　　B.B 对　　　　C.A、B 都对　　　　D.A、B 都不对

(3) A 说:通过使用制动踏板检查确保制动踏板反应灵敏。
　　B 说:检查真空密封性,起动发动机,制动踏板踩下并保持 30s 后停止发动机,要求制动踏板高度没有变化。(　　)

A. A 对   B. B 对   C. A、B 都对   D. A、B 都不对

(4) A 说:检查制动踏板,要求不完全落下、无异常噪声、无过度松动。

B 说:起动发动机,让发动机运转 1~2min 然后停下,检查制动踏板每次踩下后(踩下数次)制动踏板返回距离是否越来越小。(　　)

A. A 对   B. B 对   C. A、B 都对   D. A、B 都不对

任务二　更换制动液

一　学习目标

(1) 识别制动液的类型。
(2) 更换制动液。
(3) 检查制动液的液位高度。

二　学习重点

(1) 更换制动液。
(2) 更换制动液时应注意的问题。

三　学习难点

更换制动液的操作过程。

四　任务实施的教学器材

(1) 教具:完整的汽车、制动液、相关维修材料。
(2) 常用工具:梅花扳手、套筒扳手、放气专用工具。

五　任务实施过程中应注意的问题

(1) 制动液具有吸水性强的特点,应密封存放。
(2) 制动液可以腐蚀油漆表面。
(3) 不同品牌的制动液原则上不能混用。DOT-3、DOT-4 与 DOT-5 不能混用。
(4) 制动液应按照汽车厂家规定定期更换。
(5) 更换制动液时应彻底清洗制动系统管路,当更换用不同品种制动液时,应用新制动液清洗一次。

六　任务实施的相关知识

(1) 制动液的作用是什么?

汽车制动液是用于液压制动系统中传递压力以制止车轮转动的一种功能性液体。制动

液是汽车制动系统制动不可缺少的部分。在制动系统中,它是一个力传递的介质,因为液体是不能被压缩的,所以从主缸输出的压力会通过制动液直接传递至轮缸中。

(2)对制动液的性能有哪些要求?

对制动液性能的要求:优良的高温抗气阻性、良好的低温流动性和黏温性、良好的与橡胶的配合性、对金属的腐蚀性小。

(3)制动液是如何分类的?

由美国联邦政府运输部提出的 DOT 分类规格,并作为联邦标准颁布施行。DOT 分类规格后来被国际标准 ISO 所采用。

DOT 分类规格有 DOT-3、DOT-4、DOT-5 三种规格。

DOT-3:最低干沸点为 205℃,最低湿沸点为 140℃,用于一般条件。

DOT-4:最低干沸点为 230℃,最低湿沸点为 155℃,用于高温条件。

DOT-5:最低干沸点为 260℃,最低湿沸点为 180℃,用于极高温条件。

制动液分为醇型、醇醚型、脂型、矿油型和硅油型五种。

(4)为什么要定期更换制动液?

根据汽车维修资料的要求,汽车每隔两年或行驶超过 50000km,必须更换制动液。这是因为,制动液是一种吸湿性很强的液体,能吸收空气中的水分,如果制动液中混入过多的水分会降低制动液的沸点,影响汽车的制动效能。此外,制动液过脏还会引起制动失灵,甚至可能发生车祸。

七 任务实施的操作内容

第一步　更换制动液

1 将车辆举升至相应位置。一人起动发动机,反复踩下制动踏板,最后踩住制动踏板不动。

操作小贴士

起动发动机,反复踩下制动踏板可以使制动系统的油压提高,有利于制动液的排放。

2 一人通过制动轮缸的放气螺钉将制动管路内的旧制动液排出。

操作小贴士

制动液可以腐蚀油漆表面。排放后的制动液要用容器接住,防止溅到车体表面,也可防止制动液掉在地面上。

3 在更换制动液的过程中，及时加入新制动液，通过放气螺钉将制动管路中的旧制动液和空气排出。保证制动系统的有效性。

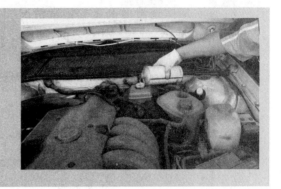

操作小贴士

更换制动液过程中应及时添加制动液可以保持制动液的连贯性，防止制动系统中进入空气。

🌲 第二步　排放制动系统中的空气

操作小贴士

排放制动系统中的空气应从离制动主缸最远处开始。这样有利于排尽制动系统中的空气。尽可能使用专用工具，这样可以提高工作效率。

（1）排放制动系统中的空气的顺序是：制动主缸、右后轮、左后轮、右前轮、左前轮。

（2）如果有专用工具应使用专用工具进行制动系统的空气排放，如果没有专用工具可以按以下步骤进行排气：

①将一根软管一端接到放气螺钉上，另一端插入排液瓶中。

②两人配合，一人连续踏制动踏板数次，并用力踏住制动踏板不动，另一人将放气螺钉拧松，让制动系统中的空气连同制动液一起排出，然后拧紧放气螺钉。一人再松开踏制动踏板。

③重复上述作业过程，直至排出有压力无气泡的新制动液为止。

④排气过程中应随时注意储液罐中的制动液高度。

🌲 第三步　检查制动液液位高度

操作小贴士

制动液罐的液位不宜过高或过低。过高会造成制动液外溢，过低会造成制动系统失效。有时制动液位降低并不表示制动液泄漏，有可能是制动衬片磨损造成的。

用目视检查制动液罐的液位，制动液储液罐外壳表面上刻有"MAX"和"MIN"标

汽车定期维护作业

记,平时应注意检查液面高度。正常情况下,液位应在"MAX"线与"MIN"之间,即位于中部。如果制动液液位过低,应查明情况并及时添加制动液。

更换制动液任务实施工作页

班级:_____　　　姓名:_____

学习时间:_____　　　授课教师:_____

车型:_____　　　VIN:_____

作业序号	任务实施	任务实施记录完成状况	满分	得分
1	安装车轮挡块、三件套		5	
2	打开发动机舱盖		2	
3	安装翼子板布、前格栅布		5	
4	打开制动液加注口盖		3	
5	安装车辆垫块		5	
6	举起车辆至规定位置		5	
7	起动发动机,一人反复踩下制动踏板		5	
8	一人踩住制动踏板,一人通过制动轮缸的放气螺钉将制动管路内的旧制动液排出。紧固放气螺钉,此时一人可以松开制动踏板		10	
9	反复操作上述步骤,直到制动管路中的旧制动液全部排出后,能看到新的制动液排出为止		10	
10	在排气过程中随时检查制动液液面,及时添加新制动液		2	
11	排放制动系统中的空气		5	
12	排放制动系统中空气的顺序是:制动主缸、右后轮、左后轮、右前轮、左前轮		2	
13	确认制动液是否泄漏		2	
14	确认制动踏板余量高度		2	
15	关闭发动机		2	
16	落下车辆至地面		5	
17	拆下车辆垫块		5	
18	拆下翼子板布、前格栅布		5	
19	关闭发动机舱盖		2	
20	取下、整理三件套并放置到规定位置,移除车轮挡块		8	
21	清洁、整理工具及设备		5	
22	清洁、整理场地		5	
学生自评			100	
教师综合评价				

八 思考与练习

1 任务实施完成后你应该掌握的内容

(1) 任务实施内容有哪些?

(2) 任务实施重点是什么?

(3) 任务实施难点是什么?

2 任务实施完成后请你回答下列问题

(1) 为什么一定要定期更换制动液?

(2) 更换制动液应注意哪些问题?

(3) 怎样更换制动液?

3 巩固练习

(1) A 说:制动液具有吸水性强的特点,应密封存放。
    B 说:制动液可以腐蚀油漆表面。(　　)
    A. A 对　　　B. B 对　　　C. A、B 都对　　　D. A、B 都不对
(2) A 说:制动液 DOT-4 与 DOT-5 可以混用。
    B 说:制动液应按照汽车厂家规定定期更换。(　　)
    A. A 对　　　B. B 对　　　C. A、B 都对　　　D. A、B 都不对
(3) A 说:排放制动系统中的空气应从离制动主缸最近处开始。
    B 说:制动系统有空气必须排出气体。(　　)
    A. A 对　　　B. B 对　　　C. A、B 都对　　　D. A、B 都不对
(4) A 说:对制动液性能的要求是优良的高温抗气阻性、对金属的腐蚀性小。

B说:DOT-3的干沸点比DOT-4的干沸点高。（　　）

A. A对　　　B. B对　　　C. A、B都对　　　D. A、B都不对

(5)A说:DOT-4最低干沸点为230℃,最低湿沸点为155℃,用于高温条件。

B说:制动液应经常检查液位高度。（　　）

A. A对　　　B. B对　　　C. A、B都对　　　D. A、B都不对

任务三　更换自动变速器油(ATF)

一　学习目标

(1)识别自动变速器油的类型。

(2)更换自动变速器油。

(3)检查自动变速器油液位高度。

二　学习重点

(1)更换自动变速器油。

(2)更换自动变速器油时应注意的问题。

三　学习难点

更换自动变速器油的操作过程。

四　任务实施的教学器材

(1)教具:完整的汽车、自动变速器油、螺塞及垫片、相关维修材料。

(2)常用工具:梅花扳手、套筒扳手、棉纱、废油车。

五　任务实施过程中应注意的问题

(1)请使用厂家规定型号的自动变速器油。定期更换自动变速器油。

(2)从车上放出自动变速器油后,应及时观察油液的品质,以便查找自动变速器故障。

(3)旧的自动变速器油应用专用的容器存放,以防污染环境。

(4)加油前请先确定维修手册中规定的自动变速器油油量。

(5)变矩器内的液体不能通过油底壳上的排放塞排放干净。

六　任务实施的相关知识

(1)自动变速器油(ATF)的作用是什么?

在自动变速器中自动变速器油的主要作用:通过液力变矩器将发动机动力传递给变速

器;通过电控、液控系统传递压力和运动,完成对各换挡元件的操纵;将变速器中的热量带出传递给冷却介质;对行星齿轮机构和摩擦副强制润滑;清洁运动零件并起密封作用。

(2)对自动变速器油(ATF)的性能有哪些要求?

对自动变速器油的要求是:适当的黏度、良好的黏温特性、良好的热氧化安定性、良好的抗起泡性、良好的抗磨性等。

(3)自动变速器油(ATF)是如何分类的?

液力传动油又称自动变速器油(ATF)。自动变速器油是根据美国材料和试验学会(ASTM)和美国石油学会(API)的分类方案是将自动变速器油分为PTE-1、PTE-2、PTE-3三类。

PTE-1类油主要用于轿车和轻型汽车的液力传动系统,其特点是低温起动性好,对油的低温黏度及黏温性有很高的要求。

PTE-2类油主要用于重负荷的液力传动系统。如重型货车、大型客车、越野车和工程机械的自动变速器。其特点是适用于在重负荷下工作,对极压抗磨性的要求很高。

PTE-3类油是随着全液压拖拉机的发展而生产的,主要功能是作传动部件、差速器和最后驱动齿轮的润滑,以及液压转向系统、制动系统、分动箱和悬架装置的工作介质。这种油的特点是适用于在中低速下运转的拖拉机及野外作业的工程机械液力传动系统和齿轮箱中使用,其极压抗磨性和负荷承载能力比PTE-2类油的要求更严格。

(4)为什么要定期更换自动变速器油?

由于自然环境恶劣,行驶条件变差,随着汽车行驶里程的增加,变速器油就会变黏稠、变黑、有杂质,由于污油堵住滤清器,自动变速器会造成供油不足损坏变速器机件,导致自动变速器故障;还有自动变速器油因化学变化产生杂质,造成油道阻塞,影响换挡功能。长期高温运作,自动变速器油润滑性降低,易造成自动变速器机件的磨损。长期运转下,自动变速器油防氧剂效能衰退,易造成机件腐蚀。

七 任务实施的操作内容

▲ 第一步 更换自动变速驱动桥油液(ATF)

1 预热发动机。从自动变速器油底壳拆下排放塞。

操作小贴士

预热发动机,可以使自动变速器油排放更干净。将自动变速器油排放到排放盘内,有利于旧油的回收。

拆卸自动变速器油液排放塞

汽车定期维护作业

2 将自动变速器油排放到排放盘内。

排放自动变速器油

3 更换排放塞内的垫片。

4 确认在排放塞和油底壳内没有旧的垫片。

5 将排放塞安装到油底壳上。

安装自动变速器油液排放塞

6 将排放塞拧到规定力矩。

紧固自动变速器油液排放塞

7 若排出的液体内含有金属碎片和异物，则必须更换所有的液体，包括变矩器内的液体。

操作小贴士

若排出的液体内含有金属碎片和异物则极有可能是自动变速器内部机件磨损，应做进一步的检修。

8 自动变速器油有多种类型，请使用规定的类型。加油前请先确定维修手册中规定的自动变速器油量。

操作小贴士

应使用厂家规定的自动变速器油，否则会造成不必要的故障。

加注自动变速器油

★ 第二步　更换变矩器内的液体

操作小贴士

一般情况下不需要更换变矩器内的自动变速器油,除非自动变速器油变质或杂质过多。

(1)如果需要更换变矩器内的液体,请更换自动变速器油数次。

重复这样的更换可以将变矩器内的新油和旧油进行混合,从而使旧油逐渐排净。

(2)数次重复此步骤直至从排放塞中排放的自动变速器油变得干净即可。

★ 第三步　检查自动变速器油液位高度

操作小贴士

检查自动变速器油的液位时,一定要在怠速状态下进行,只有这样,才有利于检测到实际的液位。

1 起动发动机前用变速器油尺检查自动变速器油的液位。

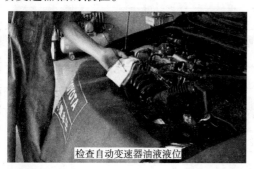
检查自动变速器油液液位

2 驾车15min以完全预热自动变速器油。

3 由于自动变速器油受热后会膨胀,因此在每次充分预热自动变速器油以后都要检查自动变速器油的液位。由于自动变速器的结构,液位会在液体温度改变时有较大的变动。

4 将车辆停放在水平的表面上,拉起驻车制动器操纵杆。

5 怠速运转发动机,踩几下制动踏板,拉起驻车制动器操纵杆并慢慢将换挡杆从P位经过每一个挡位至L位,然后再回到P位。

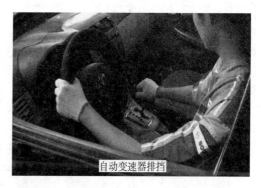
自动变速器排挡

6 怠速运转发动机,同时取下变速器油尺,用布擦去液体,再将变速器油尺重新装入,检查油液是否处于"HOT"区域。

7 关闭发动机。作业完成。

汽车定期维护作业

更换自动变速器油任务实施工作页

班级：_____　　　　　　　姓名：_____
学习时间：_____　　　　　授课教师：_____
车型：_____　　　　　　　VIN：_____

作业序号	任务实施	任务实施记录完成状况	满 分	得 分
1	安装车轮挡块、三件套		5	
2	打开发动机舱盖		2	
3	安装翼子板布、前格栅布		5	
4	安装车辆垫块		5	
5	举起车辆至规定位置		5	
6	从油底壳拆下排放塞，排放自动变速器油		8	
7	安装排放塞，并拧到规定力矩		5	
8	将车辆落至地面		5	
9	拆下车辆垫块		5	
10	加注新的自动变速器油		5	
11	检查自动变速器油液位		5	
12	起动发动机，按变速器挡位排挡一遍		8	
13	怠速状态下检查变速器油液位，检查变速器油是否泄漏		5	
14	关闭发动机		2	
15	拆下翼子板布、前格栅布		5	
16	关闭发动机舱盖		2	
17	取下、整理三件套并放置到规定位置，移除车轮挡块		8	
18	清洁、整理工具及设备		5	
19	清洁、整理场地		5	
20	按环保要求处理旧自动变速器油		5	
学生自评			100	
教师综合评价				

八 思考与练习

1 任务实施完成后你应该掌握的内容

（1）任务实施内容有哪些？

(2)任务实施重点是什么?

(3)任务实施难点是什么?

2 任务实施完成后请你回答下列问题

(1)为什么一定要定期更换自动变速器油?

(2)更换自动变速器油应注意哪些问题?

(3)怎样更换自动变速器油?

3 巩固练习

(1)A 说:应使用厂家规定型号的自动变速器油。定期更换自动变速器油。
　　B 说:从车上放出自动变速器油后,应及时观察油液的品质,以便查找自动变速器故障。(　　)
　　A. A 对　　　　B. B 对　　　　C. A、B 都对　　　　D. A、B 都不对

(2)A 说:旧的自动变速器油应用专用的容器存放,以防污染环境。
　　B 说:加注自动变速器油前应确定维修手册中规定的自动变速器油油量。(　　)
　　A. A 对　　　　B. B 对　　　　C. A、B 都对　　　　D. A、B 都不对

(3)A 说:高速运转发动机,检查自动变速器油是否处于"HOT"区域。
　　B 说:变矩器内的液体可以通过油底壳上的排放塞排放干净。(　　)
　　A. A 对　　　　B. B 对　　　　C. A、B 都对　　　　D. A、B 都不对

(4)A 说:自动变速器油液位会在液体温度改变时有较大的变动。
　　B 说:对自动变速器油的要求是:适当的黏度、良好的黏温特性、良好的热氧化安定性。(　　)
　　A. A 对　　　　B. B 对　　　　C. A、B 都对　　　　D. A、B 都不对

任务四　更换手动变速器齿轮油

一　学习目标

(1)识别车用齿轮油的类型。

(2)更换手动变速器齿轮油。
(3)检查手动变速器齿轮油液位高度。

二 学习重点

(1)更换手动变速器齿轮油。
(2)更换手动变速器齿轮油时应注意的问题。

三 学习难点

更换手动变速器齿轮油的操作过程。

四 任务实施的教学器材

(1)教具:完整的汽车、车用齿轮油、螺塞及垫片、相关维修材料。
(2)常用工具:内六角扳手、棉纱、加油专用工具。

五 任务实施过程中应注意的问题

(1)不能将使用级(品种)较低的齿轮油用在要求较高的车辆上。
(2)不要误认为高黏度齿轮油的润滑性能好。
(3)齿轮油油面一般要加到与齿轮箱加油口下缘齐平,不能过高或过低。
(4)使用厂家规定的齿轮油牌号。

六 任务实施的相关知识

(1)手动变速器齿轮油的作用是什么?
手动变速器齿轮油的主要作用是润滑变速器内的齿轮和给变速器内的齿轮散热。
(2)对手动变速器齿轮油的性能有哪些要求?
对车用齿轮油的性能要求:良好的黏度和黏温性、良好的低温流动性、良好的抗磨性。
(3)手动变速器齿轮油是如何分类的?
车用齿轮油国内外广泛采用 API 使用分类法,按齿轮油负荷承载能力和使用场合不同,API 将手动变速器和驱动桥齿轮油分为 GL-1、GL-2、GL-3、GL-4、GL-5、GL-6 等六个级别。其中:
GL-4 使用在高速低转矩及低速高转矩下运转的轿车和其他车辆的各种齿轮,特别是准双曲面齿轮。
GL-5 使用在高速冲击负荷、高速低转矩、低速高转矩条件下运转的轿车和其他车辆的各种齿轮,特别是准双曲面齿轮。
GL-6 使用在高速冲击负荷下运转的轿车和其他车辆的各种齿轮,特别是高偏置双曲面齿轮,偏置大于 5cm 或接近大齿圈直径的 25%。
(4)为什么要定期更换手动变速器齿轮油?
由于自然环境恶劣,行驶条件变差,随着汽车行驶里程的增加,变速器油会有齿轮、轴承等机械件磨损下来的碎屑,造成变速器机件磨损;长期高温大负荷工作,变速器油润滑性降低,易造成变速器机件的磨损。长期运转下,变速器油抗氧化功能衰退,易造成机件腐蚀。如果不及时更换会使变速器的使用寿命缩短。一般汽车的齿轮油要求 2 年或 6 万 km 更换一次。(因车型而异)

七 任务实施的操作内容

(1)更换手动变速器齿轮油。拆卸加注塞、排放塞和两个垫片。然后排放手动变速器齿轮油。将齿轮油排放后,使用新垫片,重新安装排放塞。重新加注规定量的齿轮油,使用一个新垫片,重新安装加注塞。

(2)检查手动变速器齿轮油液位高度。从手动变速器上拆下加注塞。将手指插入加注塞孔,并且检查齿轮油和手指接触的位置。

更换手动变速器齿轮油任务实施工作页

班级:_____   姓名:_____
学习时间:_____   授课教师:_____
车型:_____   VIN:_____

作业序号	任务实施	任务实施记录完成状况	满 分	得 分
1	安装车轮挡块、安装三件套		5	
2	安装车辆垫块		5	
3	举起车辆至规定位置		5	
4	拆卸加注塞、排放塞和两个垫片		10	
5	排放变速器齿轮油		10	
6	安装排放塞,按规定力矩拧紧排放塞		10	
7	加注变速器齿轮油		10	
8	检查变速器齿轮油液位		10	
9	安装加注塞		5	
10	检查变速器齿轮油是否泄漏		2	
11	落下车辆至地面		5	
12	拆下车辆垫块		5	
13	取下、整理三件套并放置到规定位置,移除车轮挡块		8	
14	清洁、整理工具及设备		5	
15	清洁、整理场地		5	
学生自评			100	
教师综合评价				

八 思考与练习

1 任务实施完成后你应该掌握的内容

(1)任务实施内容有哪些?

(2)任务实施重点是什么?

(3)任务实施难点是什么?

2 任务实施完成后请你回答下列问题

(1)为什么一定要定期更换手动变速器齿轮油?

(2)更换手动变速器齿轮油应注意哪些问题?

(3)怎样更换手动变速器齿轮油?

3 巩固练习

(1)A 说:可以将使用级(品种)较低的齿轮油用在要求较高的车辆上。
　　B 说:齿轮油油面一般要加到与手动变速器加油口下缘齐平。(　　)
　　A. A 对　　　　B. B 对　　　　C. A、B 都对　　　　D. A、B 都不对

(2)A 说:不要误认为高黏度齿轮油的润滑性能好。
　　B 说:更换齿轮油应使用厂家规定的齿轮油牌号。(　　)
　　A. A 对　　　　B. B 对　　　　C. A、B 都对　　　　D. A、B 都不对

(3)A 说:齿轮油的主要作用是润滑变速器内的齿轮和给变速器内的齿轮散热。
　　B 说:对车用齿轮油的性能要求——良好的黏度和黏温性、良好的抗磨性。(　　)
　　A. A 对　　　　B. B 对　　　　C. A、B 都对　　　　D. A、B 都不对

(4)A 说:GL-4 使用在高速低转矩及低速高转矩下运转的轿车和其他车辆的各种齿轮,特别是准双曲面齿轮。
　　B 说:GL-5 使用在高速冲击负荷、高速低转矩、低速高转矩条件下运转的轿车和其他车辆的各种齿轮,特别是准双曲面齿轮。(　　)
　　A. A 对　　　　B. B 对　　　　C. A、B 都对　　　　D. A、B 都不对

任务五　检查盘式制动器

一　学习目标

（1）检查盘式制动器性能。
（2）检查盘式制动器摩擦块性能。
（3）检查盘式制动器制动盘的性能。

二　学习重点

（1）检查盘式制动器性能。
（2）盘式制动器的性能要求。
（3）检查盘式制动器性能时应注意的问题。

三　学习难点

检查盘式制动器性能的操作过程。

四　任务实施的教学器材

（1）教具：盘式制动器、相关维修材料。
（2）常用工具：梅花扳手、套筒扳手、扭力扳手、呆扳手、螺丝刀、砂布等。
（3）量具：直尺、游标卡尺、外径千分尺。

五　任务实施过程中应注意的问题

（1）拆卸制动钳。如果只更换制动摩擦块，不要将软管从制动钳上断开。
（2）更换制动器摩擦块时，消声垫片和磨损指示板必须连同制动器摩擦块一起更换。
（3）应在消声垫片上涂高温润滑脂。
（4）为了防止制动液从制动储液罐中溢出，应抽出少量的制动液。
（5）制动液有腐蚀性和毒性，应用专用容器存放制动液。
（6）手不要直接碰制动摩擦块，以免受伤。
（7）测量制动盘厚度在圆周方向每隔120°测3个点。
（8）测量制动摩擦块厚度时外侧测2个点，内侧测1个点。
（9）装配制动器时应用砂纸打磨制动盘和制动摩擦块表面。

六　任务实施的相关知识

（1）盘式制动器的作用是：根据需要使汽车减速或在最短的距离内停车，以确保行车安全。
（2）盘式制动器的优点：散热性能好、热稳定性好、制动平顺性好、排水性好、维修方便。

（3）盘式制动器的分类。盘式制动器是由摩擦块从两侧夹紧与车轮共同旋转的制动盘后而产生制动效能。常见的盘式制动器有钳盘式和全盘式两种。

钳盘式车轮制动器按其结构形式可分固定夹钳式和浮动夹钳式两种。按其制动盘的结构不同可分为通风盘和实心盘两种。

（4）为什么要定期检查盘式制动器？

汽车的制动系统对于汽车行驶的安全性至关重要。但对制动系统的维护也至关重要，它关系到人们的生命安全，但却常被人们所忽视。往往等到发现制动系统工作不正常以后，才会对制动系统进行维护检修。这样极有可能由于突发故障而导致制动失灵酿成大祸。因此，只有定期对制动系统进行维护才能保证制动系统正常可靠的工作，确保行驶安全。

七 任务实施的操作内容

▲ 检查盘式制动器性能

1 拆下车轮，拆开制动钳。

操作小贴士

注意工具的使用方法：用一个梅花扳手和一个呆板手，用力的方向相反。

拆卸制动钳螺栓

2 用专用工具挂住制动钳。

操作小贴士

用S钩挂住制动钳，防止制动软管损坏。

打开制动钳

3 取下盘式制动器制动摩擦块。

操作小贴士

不要用手直接接触摩擦块，以防受伤。

取下制动摩擦块

4 检查制动钳轮缸油封是否漏油。

操作小贴士

用手电照和用手摸来检查制动钳轮缸油封。

制动钳有无制动液泄漏

5 松开制动钳支架螺栓,拆下制动钳支架。

操作小贴士

用指针式扭力扳手松开制动钳支架螺栓。

松开制动钳支架螺栓

6 在轮毂与制动盘间做记号,取下制动盘。

取下制动盘

7 用直尺测量制动摩擦块厚度。

操作小贴士

用直尺测量制动摩擦块厚度,外侧测量2个点,内侧测量1个点。

测量制动摩擦块厚度

8 检查制动摩擦块是否有不均匀磨损。

操作小贴士

目视检查制动摩擦块是否有不均匀磨损。

检查制动摩擦块有无不均匀磨损

9 检查制动钳支架是否有损伤、变形、裂纹。

操作小贴士

目视检查制动钳支架是否有损伤、变形、裂纹。注意支架形状变化处最容易出现裂纹。

检查制动钳支架是否有损伤、变形、裂纹

10 检查制制动钳支架浮动销是否滑动自如无卡滞,防尘套是否完好,检查制动摩擦块支撑板有无损坏。

操作小贴士

检查制制动钳支架浮动销是否滑动自如,无卡滞,应检查转动和拉动浮动销滑动的状况,拉出浮动销长度的1/3检查浮动销是否松旷。

检查制动钳支架浮动销是否滑动自如、无卡滞

11 在制动盘外边缘10mm处测量制动盘的厚度。

🔧 操作小贴士

测量制动盘厚度在圆周方向每隔120°测3个点。

测量制动盘外边缘10mm处制动盘磨损量

12 检查制动盘表面有无损坏、沟槽、裂纹，有无不均匀磨损。

🔧 操作小贴士

目视检查制动盘表面有无损坏、沟槽、裂纹。

检查制动盘表面有无损坏、有无不均匀磨损

13 安装磁力表座，测量轮毂轴承间隙。

🔧 操作小贴士

安装磁力表座表头侧头应垂直制动盘，百分表预压1mm。

测量轮毂轴承间隙

14 测量轮毂轴承跳动量。

🔧 操作小贴士

安装百分表表头前应先向内推动轮毂，测量时向外拉动轮毂。

测量轮毂跳动量

15 临时安装制动盘，紧固螺栓至规定力矩。

🔧 操作小贴士

对角方向分两次紧固螺栓。

紧固轮胎螺栓103N·m

16 安装磁力表座测量制动盘端面圆跳动。

操作小贴士

在制动盘外边缘10mm处测量制动盘端面圆跳动。将百分表小表针指"1",大表针指"0"。

测量制动盘端面圆跳动

17 安装制动钳支架,紧固制动钳支架螺栓到规定力矩。

操作小贴士

使用扭力扳手紧固制动钳支架螺栓到规定力矩。

安装制动钳支架

18 打磨制动盘、摩擦块,安装制动摩擦块。

安装制动摩擦块

19 安装制动钳,紧固制动钳螺栓到规定力矩。

紧固制动钳螺栓34N·m

20 拆下轮胎螺栓,安装轮胎,紧固轮胎螺栓到规定力矩。

车轮临时安装

21 作业完成。

检查盘式制动器性能状况任务实施工作页

班级：_____　　姓名：_____
学习时间：_____　　授课教师：_____
车型：_____　　VIN：_____

汽车定期维护作业

作业序号	任务实施	任务实施记录完成状况	满 分	得 分
1	安装车轮挡块、安装三件套		5	
2	安装车辆垫块		5	
3	将车辆举升至规定位置		5	
4	拆下轮胎,拆开制动钳		2	
5	用专用工具挂住制动钳		2	
6	取下盘式制动器制动摩擦块		2	
7	检查制动钳油封是否漏油		2	
8	松开制动钳支架螺栓,拆下制动钳支架		2	
9	在轮毂与制动盘间做记号,取下制动盘		2	
10	用直尺测量制动摩擦块厚度		3	
11	检查制动摩擦块是否有不均匀磨损		2	
12	检查制动钳支架是否有损伤、变形、裂纹		2	
13	检查制制动钳支架浮动销是否滑动自如,无卡滞,防尘套是否完好,检查制动摩擦块支撑板有无损坏		3	
14	在制动盘边缘10mm测量制动盘的厚度		5	
15	检查制动盘表面有无损坏、沟槽、裂纹,有无不均匀磨损		2	
16	安装磁力表座,测量轮毂轴承间隙		3	
17	测量轮毂轴承跳动量		2	
18	临时安装制动盘,紧固螺栓至规定力矩		5	
19	转动制动盘一周,测量制动盘端面圆跳动		5	
20	安装制动钳支架,紧固制动钳支架螺栓到规定力矩		3	
21	打磨制动盘,安装制动摩擦块		3	
22	安装制动钳,紧固制动钳螺栓到规定力矩		5	
23	拆下轮胎螺栓,安装轮胎,紧固轮胎螺栓到规定力矩		3	
24	落下车辆至地面		5	
25	取出车辆垫块		5	
26	取下、整理三件套并放置到规定位置,移除车轮挡块		5	
27	清洁、整理工具及设备		5	
28	清洁、整理场地		5	
学生自评			100	
教师综合评价				

八 思考与练习

1 任务实施完成后你应该掌握的内容

（1）任务实施内容有哪些？

（2）任务实施重点是什么？

（3）任务实施难点是什么？

2 任务实施完成后请你回答下列问题

（1）为什么要检查盘式制动器性能？

（2）检查盘式制动器性能应注意哪些问题？

（3）怎样检查盘式制动器性能？

3 巩固练习

（1）A 说：如果只更换制动摩擦块，不要将软管从制动钳上断开。
　　B 说：安装制动摩擦块应在消声垫片上涂高温润滑脂。（　　）
　　A. A 对　　　　B. B 对　　　　C. A、B 都对　　　　D. A、B 都不对

（2）A 说：更换制动摩擦块时，消声垫片和磨损指示板必须连同制动摩擦块一起更换。
　　B 说：更换制动摩擦块时，为了防止制动液从制动储液罐中溢出，应抽出少量的制动液。（　　）
　　A. A 对　　　　B. B 对　　　　C. A、B 都对　　　　D. A、B 都不对

（3）A 说：手不要直接碰制动摩擦块，以免受伤。
　　B 说：制动液有腐蚀性和毒性，应用专用容器存放制动液。（　　）
　　A. A 对　　　　B. B 对　　　　C. A、B 都对　　　　D. A、B 都不对

（4）A 说：测量制动盘厚度在圆周方向每隔 180°测 2 个点。
　　B 说：在制动盘外边缘 24mm 处测量制动盘端面圆跳动。（　　）

A. A 对　　　　B. B 对　　　　C. A、B 都对　　　　D. A、B 都不对

(5) A 说:盘式制动器的作用是根据需要使汽车减速或在最短的距离内停车,以确保行车安全。

B 说:盘式制动器的优点是散热性能差、热稳定性好、制动平顺性好、排水性差、维修困难。(　　)

A. A 对　　　　B. B 对　　　　C. A、B 都对　　　　D. A、B 都不对

任务六　检查轮胎性能

一 学习目标

检查轮胎性能。

二 学习重点

(1) 检查轮胎性能。
(2) 检查轮胎性能时应注意的问题。

三 学习难点

检查轮胎性能的操作过程。

四 任务实施的教学器材

(1) 教具:轮胎、相关维修材料。
(2) 常用工具:冲击扳手、轮胎深度规、气压表、肥皂水、毛刷。

五 任务实施过程中应注意的问题

(1) 由于轮胎内的气体会逐渐泄漏,因此必须定期检查并调节轮胎气压。
(2) 轮胎气压会影响车辆的驾驶性能、舒适性能和燃油经济性。
(3) 标准的轮胎气压数值可以从驾驶人侧门或其他立柱上的证书标签中找到。
(4) 标准的轮胎气压数值可以从驾驶人手册或维修手册中加以确认。

六 任务实施的相关知识

(1) 轮胎的作用是什么?
轮胎的作用是支撑汽车的总质量,传递驱动力和制动力,提供良好的附着性,吸收、缓和冲击与振动。
(2) 汽车轮胎是如何分类的?
汽车轮胎按胎体结构不同,可分为充气轮胎和实心轮胎;按其组成结构不同,可分为有

内胎轮胎和无内胎轮胎;按其胎内工作气压大小不同可分为高压胎(0.5~0.7MPa)、低压胎(0.2~0.5MPa)和超低压胎(0.2MPa)三种;按其轮胎胎面花纹的不同,可分为普通花纹轮胎、越野花纹轮胎和混合花纹轮胎;按其胎体内帘布线排列方向的不同,又可分为普通斜交轮胎和子午线轮胎。

(3)汽车轮胎上标注的数字和字母符号含义是什么?

如185/70R14H95,185表示轮胎断面宽度185mm、70表示扁平率(高宽比)70%、R表示子午线轮胎、14表示轮辋直径14in、H表示适用于车速小于210km/h、95表示轮胎的承载系数,即每个轮胎可以承担的最大质量。

DOT代表轮胎的生产日期:如0813表示的是2013年第8周。

TL为无内胎轮胎。

(4)为什么要定期检查轮胎性能?

因为轮胎性能的好坏直接影响汽车的动力性、经济性和可靠性。轮胎是提供汽车行驶安全的最基本保证。如汽车轮胎的气压高低、轮胎花纹的深浅都会直接造成汽车性能的下降。轮胎关系到汽车的行驶安全,一定要定期检查轮胎的性能。

七 任务实施的操作内容

检查轮胎性能

1 拆卸车轮:使用一把冲击扳手,按照交叉顺序拆卸四个车轮螺母。然后,拆卸车轮。

2 检查轮胎胎面和胎壁是否有裂纹、割痕或者其他损坏。

操作小贴士

如发现轮胎胎壁上有裂纹、割痕或者其他损伤,轻微时可以不做处理,但不宜使用在前轮上,严重时一定要更换轮胎,防止安全事故的发生。

检查轮胎表面应无裂纹、无损坏

3 检查轮胎的胎面和胎壁是否嵌入任何金属微粒、石子或者其他异物。检查轮胎的整个外围是否有不均匀磨损或者阶段磨损。

操作小贴士

如检查轮胎整个外围有不均匀磨损或者阶段磨损,应及时做车轮定位检查,找出原因。

检查轮胎花纹表面应无金属颗粒、无异物、无异常磨损

4 检查轮辋和轮盘是否损坏、腐蚀、变形和跳动。

汽车定期维护作业

操作小贴士

如检查轮辋或轮盘损坏变形,应及时进一步检修,以防止行驶中出现故障。

检查轮胎钢辋应无腐蚀、无损坏

6 使用气压表检查轮胎气压。若轮胎气压不足,将轮胎充气机的管嘴直接压上轮胎气门以防止空气泄漏,然后开始对轮胎进行充气。

检查轮胎气压2.2bar

5 使用轮胎深度规测量轮胎的表面沟槽深度。同时可以观察轮胎表面的胎面磨耗指示标记。

操作小贴士

测量轮胎的表面沟槽深度可以了解轮胎的磨损程度和异常磨损程度。

测量轮胎花纹沟槽深度

7 检查气压后,涂肥皂水再检查气门嘴周围和整个轮辋是否漏气。

操作小贴士

检查整个轮辋是否漏气。因为轮辋与轮胎接触面是轮胎的一个接合面,如果轮辋变形就有可能造成轮胎漏气。

8 作业完成。

检查轮胎性能任务实施工作页

班级:＿＿＿＿＿＿ 姓名:＿＿＿＿＿＿
学习时间:＿＿＿＿＿＿ 授课教师:＿＿＿＿＿＿
车型:＿＿＿＿＿＿ VIN:＿＿＿＿＿＿

作业序号	任务实施	任务实施记录完成状况	满分	得分
1	安装车轮挡块、安装三件套		5	
2	安装车辆垫块		5	
3	将车辆举升至规定位置		5	

续上表

作业序号	任务实施	任务实施记录完成状况	满 分	得 分
4	拆下轮胎		5	
5	检查轮胎胎面和胎壁是否有裂纹、割痕或者其他损坏		5	
6	检查轮胎的胎面和胎壁是否嵌入任何金属微粒、石子或者其他异物		7	
7	检查轮胎的整个外围是否有不均匀磨损或者阶段磨损		7	
8	检查轮圈和轮盘是否损坏、腐蚀、变形和跳动		7	
9	使用轮胎深度规测量轮胎的表面沟槽深度		7	
10	使用气压表检查轮胎气压		7	
11	涂肥皂水检查气门嘴周围和整个轮辋是否漏气		7	
12	安装轮胎,紧固轮胎螺栓到规定力矩		5	
13	落下车辆至地面		5	
14	取出车辆垫块		5	
15	取下、整理三件套并放置到规定位置,移除车轮挡块		8	
16	清洁、整理工具及设备		5	
17	清洁、整理场地		5	
学生自评			100	
教师综合评价				

八 思考与练习

1 任务实施完成后你应该掌握的内容

(1)任务实施内容有哪些?

(2)任务实施重点是什么?

(3)任务实施难点是什么?

2 任务实施完成后请你回答下列问题

(1)轮胎的作用是什么?

(2)汽车轮胎是如何分类的?

(3)汽车轮胎上标注的数字和字母符号含义是什么?

3 巩固练习

(1) A 说:由于轮胎内的气体会逐渐泄漏,因此必须定期检查并调节轮胎气压。
　　B 说:轮胎气压会影响车辆的驾驶性能、舒适性能和燃油经济性。(　　)
　　A. A 对　　　　B. B 对　　　　C. A、B 都对　　　　D. A、B 都不对

(2) A 说:标准的轮胎气压数值可以从驾驶人侧门或其他立柱上的证书标签中找到。
　　B 说:标准的轮胎气压数值可以从驾驶人手册或维修手册中加以确认。(　　)
　　A. A 对　　　　B. B 对　　　　C. A、B 都对　　　　D. A、B 都不对

(3) A 说:检查气压后,涂肥皂水再检查气门嘴周围和整个轮辋是否漏气。
　　B 说:测量轮胎的表面沟槽深度可以了解轮胎的磨损程度和异常磨损程度。(　　)
　　A. A 对　　　　B. B 对　　　　C. A、B 都对　　　　D. A、B 都不对

(4) A 说:轮胎的作用是支撑汽车的总质量,传递驱动力和制动力,提供良好的附着性,吸收、缓和冲击与振动。
　　B 说:发现轮胎胎壁上有裂纹、割痕或者其他损伤,轻微时可以不做处理。(　　)
　　A. A 对　　　　B. B 对　　　　C. A、B 都对　　　　D. A、B 都不对

(5) A 说:轮胎侧标注的 185/70R14H。185 表示轮胎断面宽度 185cm、70 表示扁平率(高宽比)70%、R 表示斜交轮胎、14 表示轮辋直径 14in、H 表示适用于车速小于 210km/h。
　　B 说:轮胎按其胎内工作气压大小不同可分为高压胎(0.5~0.7MPa)、低压胎(0.2~0.5MPa)。(　　)
　　A. A 对　　　　B. B 对　　　　C. A、B 都对　　　　D. A、B 都不对

任务七　检查车轮定位

一　学习目标

(1)车轮定位仪的使用。
(2)调整车轮定位参数。

二　学习重点

(1)车轮定位仪的使用。

(2)调整车轮定位参数。

三 学习难点

车轮定位的操作过程。

四 任务实施的教学器材

(1)教具:汽车、四轮定位仪和相关设备、相关维修材料。
(2)专用工具:专用卡具、制动锁、管扳手、扭力扳手等。

五 任务实施过程中应注意的问题

(1)汽车驶上举升机时,应保证转向盘和后滑板的销子都销到位,当车辆在转向盘和后滑板上停到位后,才可移去销子。
(2)使用举升机时应确保安全。
(3)安装卡具时应注意卡具安装到位。
(4)使用车轮补偿传感器时应轻拿轻放。
(5)做车轮定位时尽可能使用有线传输,防止无线干扰。

六 任务实施的相关知识

(1)什么是车轮定位?
为了使汽车始终保持稳定的直线行驶和转向轻便,转向后能自动回正并减少汽车在行驶中轮胎及转向机构机件的磨损,转向车轮、转向节和前轴三者之间的安装要有一定的相对位置。这种具有一定相对位置的安装称为前轮定位或后轮定位,统称为车轮定位。
(2)车轮定位术语。
①车轮中心线:车轮与地面接触形成的一条直线,垂直于这条线的直线即为车轮中心线。
②车轮接触点:车轮中心线与车轮旋转轴的交点。
③推力角:汽车的几何中心线与后轮(驱动轮)的指向之间形成的角度。
④推力线:后轴总前束的中心线,它同时也是汽车直线行驶的延轴的轴线。
⑤前轮前束角:汽车的几何轴线与转向车轮中心线之间的夹角。
⑥后轮前束角:汽车的几何轴线与后轮车轮中心线之间的夹角。
⑦总前束:一根轴上,左右两个车轮前束角度之和。
⑧前轮外倾:车轮中心接触点与垂直面之间的夹角。
⑨主销内倾角:主销向内倾斜与汽车轴的垂线所形成的角度。
⑩主销后倾:转向旋转轴与汽车轴的垂直线之间的夹角。

(3) 为什么要车轮定位？

车轮定位影响汽车的操纵稳定性，对汽车的舒适性、平顺性等起着至关重要的作用。但车轮定位是由几个主要因素（也可以说内容或参数）所决定，车辆在经过一段时间的使用，部件间的磨损使间隙增大，车轮在高速行驶时受到严重创伤，或车辆发生冲撞事故，均可造成车轮定位的失准。车轮定位的失准又会直接影响和破坏汽车的行驶稳定性、操纵性和轮胎的磨损。严重的还会存在交通事故的隐患，所以当上述情况出现后必须对车轮定位进行检验。

七 任务实施的操作内容

第一步 车辆定位前检查车辆

操作小贴士

工作场地的安全是车轮定位工作的关键环节。

1 检查工作场地，确保安全。

检查工作场地

2 记录车辆 VIN 码。

记录VIN码

3 记录轮胎型号、轮胎标准气压。

操作小贴士

轮胎型号、轮胎标准气压、轮胎表面状况、轮胎花纹深度是否准确、是否合格关系到车轮定位数据结果的准确性。

记录轮胎型号、轮胎气压

4 检查四个车轮轮胎型号应与铭牌一致。

检查左前轮胎型号与铭牌一致

5 检查四个车轮轮胎表面状况应一致。

操作小贴士

轮胎花纹深度和胎压一致，能够保证车轮定位测量时车身水平。

检查右前轮胎表面状况

车辆前后无倾斜、停放周正

6 检查四个车轮轮胎花纹深度应符合要求。

9 前轴、后轴两侧轮胎花纹形状应一致。

检查右前车轮轮胎花纹深度

后轴两侧轮胎花纹形状一致

7 测量四个车轮轮胎气压应符合要求。

10 两前轮正对转盘中心,转盘销锁止。

测量右前车轮轮胎气压

左前轮正对转盘中心

8 车辆前后应无倾斜,停放周正。无严重撞击变形。

11 两后轮正对滑板中心,滑板销锁止。

操作小贴士

确保车辆平稳摆放、车辆前后位置合适、滑板销和转盘销锁止、转向盘处于中间位置、驾驶室空载、汽车前后悬架应无撞击变形和松旷等,是决定车轮定位是否正确的因素。

左后轮正对滑板中心

汽车定期维护作业

12 安装三件套。

安装三件套

13 转向盘解锁。转向盘处于正中位置。

转向盘解锁

14 降下车窗玻璃。

降下车窗玻璃

15 检查驾驶室是否空载。

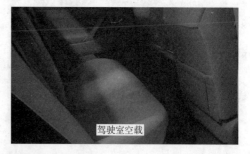

驾驶室空载

16 备胎安装到位。

备胎安装到位

17 检查汽车前、后悬架应无撞击变形和松旷。

检查后部悬架

🌲 第二步　车轮补偿

1 调整四个卡具,安装四个卡具。

操作小贴士

将卡具调整到轮辋直径尺寸,安装卡具要注意将卡钩装到轮胎外边缘第一个沟槽内,确认安装到位,挂上安全钩。

安装卡具

2 安装四车轮补偿传感器,安装车轮补偿传感器电缆。

操作小贴士

安装车轮补偿传感器时要注意车轮补偿传感器分前左、前右、后左、后右,安装车轮补偿传感器后,确认车轮补偿传感器水平位置,再固定车轮补偿传感器。连接车轮补偿传感器电缆,按下车轮补偿传感器启动键。

安装车轮补偿传感器

3 安装两后轮挡块。

4 安装两后轮挡块确保车辆不滑溜。

安装两后车轮挡块

5 安装两侧车辆举升垫块。

操作小贴士

注意垫块的安装位置,应垫在车身左右下边缘前、后位置两个缺口的中间处。

安装两侧车辆举升垫块

6 使用小剪举升机举起车辆。

操作小贴士

车轮离地后要确认车辆是否安全。

使用小剪举升机举起车辆

7 进入电脑录入操作程序。

进入电脑录入操作程序

8 打开电脑进入车轮定位程序。录入用户编号,录入车辆 VIN 码,选择车辆型号,录入轮胎型号,录入轮胎沟槽深度。

操作小贴士

正确选择车型数据才能保证检测和调整流程的准确无误,并依据正确的标准车型

汽车定期维护作业

数据对车辆进行定位调整。

打开电脑进入车轮定位程序

9 进入车轮补偿操作程序。

进入车轮补偿操作程序

10 按下四个车轮补偿传感器的启动键。

按下四个车轮补偿传感器的启动键

11 按下电脑F3键，进入车轮补偿界面。

进入车轮补偿界面

12 分别按下四个车轮补偿传感器补偿键，进行车轮补偿。

操作小贴士

①驱动轮车轮补偿必须单个车轮独自进行。

②车轮的位置应与屏幕上显示的相同。

③取下安全钩，松开传感器固定螺栓。确认车轮补偿传感器初始位置，将车轮补偿传感器水平气泡调平，固定车轮补偿传感器，按下补偿键。

按下传感器补偿键

13 电脑画面会显示完成初始位置补偿。

电脑画面显示完成初始位置补偿

转动车轮第一个90°

> **操作小贴士**
>
> 松开传感器固定螺栓，转动车轮90°，将车轮补偿传感器水平气泡调平，固定车轮补偿传感器，再次按下补偿键。转动第二个90°、第三个90°重复上述步骤。最后将车轮再转动90°回到初始位置，将车轮补偿传感器水平气泡调平，固定车轮补偿传感器，再次按下补偿键。

14 电脑会显示下列画面。

电脑画面显示完成第一个90°补偿

电脑画面显示完成第二个90°补偿

电脑画面显示完成第三个90°补偿

15 用同样的方法完成四个车轮补偿。完成四个车轮补偿后，分别按下四个车轮传感器补偿计算键。

> **操作小贴士**
>
> 一定要在电脑显示的车轮补偿图像中的车轮变绿后，才能按下计算键。

电脑画面显示完成第三个90°补偿

16 完成车轮补偿。电脑会显示补偿偏差值。

按下计算键完成两后轮补偿

第三步 检查车轮定位

1 拔出两前轮转盘销。

操作小贴士

拔出转盘销使汽车车轮处于自由状态。

拔出左前转盘销

2 拔出两后轮滑板销。

操作小贴士

拔出滑板销使汽车车轮处于自由状态。

拔出左后滑板销

3 落下小剪举升机。

4 四个减振器复位。

操作小贴士

按压汽车减振器部位,每个按压两次。观察滑板动作情况。

按压四个减振器复位

5 安装制动锁,使用驻车制动器。

操作小贴士

使用制动锁防止车辆滑动。

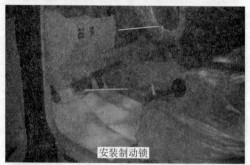

安装制动锁

6 检查两后轮正对滑板中心。

左后轮正对滑板中心

7 移开两后轮挡块。

移开左后车轮挡块

8 转动转向盘至正中位置。

操作小贴士

按照屏幕指引转动转向盘到打直位置,得到后轴正确的前束和外倾角值。

转动转向盘正中位置

9 将传感器水平气泡调平。

操作小贴士

调整传感器水平至出现绿框为止,如果传感器已水平,则不需要调整。

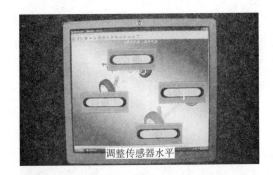
调整传感器水平

10 转动转向盘向右、向左20°。

操作小贴士

在转向操作过程中,要避免推动或晃动车身,以防转角盘滑动和车身偏斜,造成主销后倾角和主销内倾角和转向时负前束的测量产生误差。

转向盘向右转动20°

11 电脑显示前轮单独前束。

操作小贴士

前轮单独前束

12 转向盘对中打直。

操作小贴士

再次确认转向盘对中打直,直至出现绿框为止,如已出现绿框则不必调整转向盘。

转向盘正中位置

13 再次将传感器水平气泡调平。

调整传感器水平

14 安装转向盘锁。

操作小贴士

安装转向盘锁使得在调整前束时转向盘不会过分扭转。如果定位数据合格则不必要进行转向盘锁定。

安装转向盘锁

15 电脑显示后轴数据。

操作小贴士

如果出现红框数据则需要调整后轴数据。绿框则不必要调整,表示数据合格。

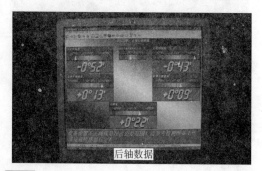

后轴数据

16 电脑显示前轴数据。

操作小贴士

如果出现红框数据则需要调整前轴数据。绿框则不必要调整,表示数据合格。

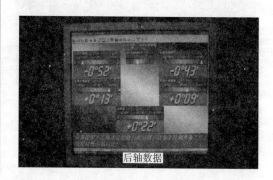

后轴数据

第四步　器械复位

1 拆下四个传感器。

操作小贴士

先拆下传感器电缆(按住接头用手向内用力,松开卡扣,再向外拉接头),再松开传感器固定螺栓,取下传感器。并放到电脑柜上,此时充电指示灯点亮。

拆下四个车轮传感器

2 小剪举升机举起车辆。

操作小贴士

确认安全。

小剪举车

3 安装两前轮转盘销。

安装两前轮转盘销

4 安装两后轮滑板销。

安装两后轮滑板销

5 落下小剪举升机。

小剪落车

6 拆下四个车轮卡具。

操作小贴士

将卡具放回卡具车上，挂上安全钩，固定卡具，将卡具旋钮松开归位。

小剪落车

7 取出车辆橡胶垫块。

拆下橡胶垫块

8 移开车轮挡块。

汽车定期维护作业

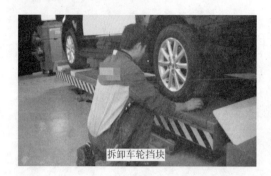
拆卸车轮挡块

9 大剪举升机落车。

大剪落车

10 拆下转向盘锁、制动锁,取下三件套。

拆卸三件套

11 关闭车门,作业结束。

车轮定位前检查任务实施工作页

班级:_____　　　　　　　姓名:_____
学习时间:_____　　　　　授课教师:_____
车型:_____　　　　　　　VIN:_____

车轮定位前检查项目实施工艺过程评价表

作业序号	任务实施	任务实施记录完成状况	满分	得分
1	检查工作场地,确保安全		5	
2	安装车轮挡块		5	
3	确认使用驻车制动器,挡位在P挡		5	
4	安装三件套		5	
5	记录车辆VIN		5	
6	记录轮胎型号、轮胎标准气压		5	
7	检查四个车轮轮胎型号应与铭牌一致		5	
8	检查四个车轮轮胎表面状况应一致		5	
9	检查四个车轮轮胎花纹深度应符合要求		5	
10	测量四个车轮轮胎气压应符合要求		10	
11	车辆前后应无倾斜,停放周正。无严重撞击变形		5	
12	前轴、后轴两侧轮胎花纹形状应一致		5	

续上表

作业序号	任 务 实 施	任务实施记录完成状况	满 分	得 分
13	两前轮正对转盘中心，转盘销锁止		5	
14	两后轮正对滑板中心，滑板销锁止		5	
15	转向盘解锁。转向盘处于正中位置		10	
16	检查驾驶室是否空载		5	
17	备胎安装到位		5	
18	检查汽车前、后悬架应无撞击变形、松旷		5	
学生自评			100	
教师综合评价				

车轮定位补偿任务实施工艺过程评价表

作业序号	任 务 实 施	任务实施记录完成状况	满 分	得 分
1	调整四个卡具，安装四个卡具		10	
2	安装四车轮补偿传感器		10	
3	安装两后轮挡块		5	
4	安装两侧车辆举升垫块		5	
5	使用小剪举升机举起车辆		5	
6	电脑进入录入操作程序，选择车辆型号，录入轮胎型号，录入轮胎沟槽深度		5	
7	电脑进入车轮定位程序。录入用户编号，录入车辆 VIN		5	
8	电脑进入车轮补偿操作程序		5	
9	按下四个车轮补偿传感器的启动键		5	
10	按下电脑 F3 键，进入车轮补偿界面		5	
11	分别按下四个车轮补偿传感器补偿键，进行车轮补偿		10	
12	电脑画面会显示完成初始位置补偿		5	
13	分别转动车轮 90°、180°、270°，完成这个车轮的车轮补偿		15	
14	电脑会显示三个 90°补偿画面		5	
15	用同样的方法完成四个车轮补偿。完成四个车轮补偿后，分别按下四个车轮传感器补偿计算键，完成车轮补偿。电脑会显示补偿偏差值		5	
学生自评			100	
教师综合评价				

车轮定位任务实施工艺过程评价表

作业序号	任 务 实 施	任务实施记录完成状况	满 分	得 分
1	拔出两前轮转盘销		5	
2	拔出两后轮滑板销		5	
3	落下小剪举升机		5	
4	四个减振器复位		10	
5	安装制动锁,使用驻车制动器		5	
6	检查两后轮正对滑板中心		5	
7	移开两后轮挡块		5	
8	转动转向盘至正中位置		5	
9	调整传感器水平		10	
10	转动转向盘向右、向左20°		10	
11	电脑显示前轮单独前束		5	
12	转向盘对中打直		5	
13	再次调整传感器水平		10	
14	安装转向盘锁		5	
15	电脑显示后轴数据		5	
16	电脑显示前轴数据		5	
学生自评			100	
教师综合评价				

车轮定位器械复位任务实施工艺过程评价表

作业序号	任 务 实 施	任务实施记录完成状况	满 分	得 分
1	拆下四个传感器		10	
2	小剪举升机举起车辆		5	
3	安装两前轮转盘销		5	
4	安装两后轮滑板销		5	
5	落下小剪举升机		10	
6	拆下四个车轮卡具		20	
7	取出车辆橡胶垫块		5	
8	移开车轮挡块		5	
9	大剪举升机落车		5	
10	拆下转向盘锁、制动锁		10	
11	取下、整理三件套并放置到规定位置,移除车轮挡块		10	

续上表

作业序号	任 务 实 施	任务实施记录完成状况	满 分	得 分
12	清洁、整理工具及设备		5	
13	清洁、整理场地		5	
学生自评			100	
教师综合评价				

八 思考与练习

1 任务实施完成后你应该掌握的内容

(1)任务实施内容有哪些?

(2)任务实施重点是什么?

(3)任务实施难点是什么?

2 任务实施完成后请你回答下列问题

(1)车轮中心线:

(2)推力角:

(3)前轮前束角:

(4)后轮前束角:

(5)前轮外倾角:

（6）主销内倾角：

（7）主销后倾角：

❸ 巩固练习

（1）A 说：推力线是后轴总前束的中心线，它同时也是汽车直线行驶的几何轴线。
　　B 说：后轮前束角是指汽车的几何轴线与后轮车轮中心线之间的夹角。（　　）
　　A. A 对　　　　B. B 对　　　　C. A、B 都对　　　　D. A、B 都不对

（2）A 说：车轮接触点是车轮中心线与车轮在地面上的交点。
　　B 说：前轮前束角是指汽车的几何轴线与转向车轮中心线之间的夹角。（　　）
　　A. A 对　　　　B. B 对　　　　C. A、B 都对　　　　D. A、B 都不对

（3）A 说：主销后倾角是转向旋转轴与汽车前轴的垂直线之间的夹角。
　　B 说：前轮外倾角是指车轮中心接触点与垂直面之间的夹角。（　　）
　　A. A 对　　　　B. B 对　　　　C. A、B 都对　　　　D. A、B 都不对

（4）A 说：主销后倾角是转向旋转轴与汽车轴的垂直线之间的夹角。
　　B 说：总前束合格单独前束一定合格。（　　）
　　A. A 对　　　　B. B 对　　　　C. A、B 都对　　　　D. A、B 都不对

（5）A 说：轮胎型号、轮胎标准气压是否合格关系到车轮定位数据结果的准确性。
　　B 说：轮胎花纹深度和胎压不一致，可能会影响车轮定位的测量。（　　）
　　A. A 对　　　　B. B 对　　　　C. A、B 都对　　　　D. A、B 都不对

（6）A 说：车轮定位影响汽车的操纵稳定性，对汽车的舒适性、平顺性等起着至关重要的作用。
　　B 说：所有车辆在车轮定位前都应做车轮补偿。（　　）
　　A. A 对　　　　B. B 对　　　　C. A、B 都对　　　　D. A、B 都不对

（7）A 说：车轮定位的失准又会直接影响和破坏汽车的行驶稳定性、操纵性和轮胎的磨损。
　　B 说：四个车轮轮胎型号应与铭牌一致。（　　）
　　A. A 对　　　　B. B 对　　　　C. A、B 都对　　　　D. A、B 都不对

（8）A 说：电脑进入车轮定位程序。应录入用户编号、车辆 VIN。
　　B 说：.工作场地的安全是车轮定位工作的关键环节。（　　）
　　A. A 对　　　　B. B 对　　　　C. A、B 都对　　　　D. A、B 都不对

（9）A 说：车辆前后应无倾斜，无严重撞击变形。
　　B 说：四个车轮轮胎气压应符合要求。（　　）
　　A. A 对　　　　B. B 对　　　　C. A、B 都对　　　　D. A、B 都不对

（10）A 说：按压汽车减振器部位以获得正确的车身位置。
　　　B 说：安装车轮补偿传感器要注意各自的位置。（　　）
　　　A. A 对　　　　B. B 对　　　　C. A、B 都对　　　　D. A、B 都不对

任务八　检查汽车底盘相关部件

一　学习目标

检查汽车底盘部件性能。

二　学习重点

(1)汽车底盘部件的性能要求。
(2)检查汽车底盘部件时应注意的问题。

三　学习难点

汽车底盘部件的操作过程。

四　任务实施的教学器材

(1)教具:汽车、相关维修材料。
(2)常用工具:梅花扳手、套筒扳手、扭力扳手、直尺等。

五　任务实施过程中应注意的问题

(1)检查过程中应先将点火开关转动到ACC,保持转向盘不锁定和可以自由转动。
(2)检查转向盘自由行程时,转向轮应保持直线状态。

六　任务实施的相关知识

(1)为什么要检查制动管路?
制动管路是制动系统中非常重要的一部分,它是连接制动系统各部件的桥梁,如果制动管路损坏了就会直接影响到制动系统的性能。严重时极有可能造成重大交通事故。

(2)为什么要检查驻车制动器?
汽车驻车制动器是制动系统的一部分,其在车辆停止后用于稳定车辆,避免车辆在斜坡路面停车时由于溜车造成事故。在拥堵的大城市内开车,早晚高峰的时候,车辆前后间距基本不足1m,再加上立交桥的坡度非常大,新手和老手都会出现溜车的现象。此时驻车制动器就显得尤为重要了,利用它可以保障起步不溜车,避免出现事故。

(3)为什么要检查转向系统?
转向系统是由转向盘、转向机、转向柱及传动杆等部件组成。现代车辆的转向系统一般与悬架系统密切相关。驾驶人将转向力通过转向盘传到转向机和转向柱,再将转向盘的扭力传到传动杆,最后将动力转到前轮,使车辆转向。转向系统如果失效,驾驶人就无法控制车辆的正常行驶。如果转向系统发生故障,轻则转向沉重、转向不灵,重则会造成行驶时汽车偏离行驶轨迹,转向失灵,最终造成交通事故。

(4)为什么要检查悬架系统?

良好的悬架系统能保证车辆行驶的舒适性,以及车辆在直线行驶或转弯时的稳定性。如果悬架系统发生故障将直接影响到汽车行驶舒适性和稳定性,轻则发生异响;减振作用失效,重则汽车将无法按正常行驶轨迹行驶。

七 任务实施的操作内容

♠ 检查汽车底盘相关部件

1 检查制动管路性能。检查制动管路和接头有无液体泄漏、松动,软管有无裂纹、老化和损伤,确保所有固定夹箍工作可靠。制动管路、软管有无干扰其他部件。

2 检查离合器踏板各项参数。

①通过离合器踏板检查确保离合器踏板反应灵敏、踏板踩下轻松、无异常噪声、无过度松动。

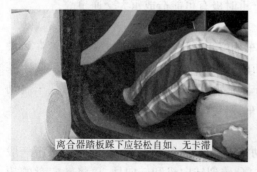

离合器踏板踩下应轻松自如、无卡滞

②使用手指轻轻按压离合器踏板并且使用直尺测量离合器踏板自由行程。

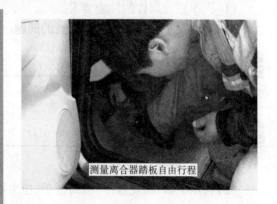

测量离合器踏板自由行程

3 检查驻车制动器操纵杆行程。检查并确保驻车制动器操纵杆拉动时,驻车制动器操纵杆行程在预定的槽数内。慢慢地将驻车制动器操纵杆拉起,计数对应"咔嗒"声,如果听到的"咔嗒"声为4~6次,则调整正常。

检查驻车制动器行程

4 检查转向盘性能。

①检查转向盘自由行程:在配备动力

转向系统的车辆上,起动发动机,使车辆笔直向前。轻轻移动转向盘在车轮就要开始转动时,使用直尺测量转向盘的移动量。

检查转向盘自由行程

②检查转向盘的松动与摆动:用两手握住转向盘。轴向、垂直或者向两侧移动转向盘,应没有松动或摆动。

5 检查转向连杆机构。检查转向连杆机构有无弯曲、断裂和变松,球节有无磨损松旷,固定螺栓有无松动,防尘套有无破损。

6 检查汽车驱动轴护套。

①用手转动轮胎以便使轮胎转向一侧,然后,检查驱动轴护套的整个外围是否有裂纹或其他损伤。检查护套是否有油脂渗漏。

检查右侧驱动轴护套

②检查卡箍是否可靠,安装正确。

7 检查与紧固汽车底部螺栓。检查悬架横梁、悬架臂、稳定杆、车身、制动钳、减振器、转向节等底部螺栓是否紧固可靠。

8 检查汽车传动轴外部。检查传动轴中间轴承支架安装螺栓、法兰叉锁紧螺母、驱动轴锁紧螺母是否松动,传动轴是否弯曲变形。

9 检查汽车悬架组件。检查减振器、减振弹簧。

检查转向节、稳定杆、下臂、拖臂和桥梁是否损坏、裂纹、摆动。

汽车定期维护作业

检查汽车底盘相关部件任务实施工作页

班级：_____　　　　　　　　姓名：_____
学习时间：_____　　　　　　　授课教师：_____
车型：_____　　　　　　　　VIN：_____

作业序号	任 务 实 施	任务实施记录完成状况	满 分	得 分
1	安装车轮挡块、安装三件套		5	
2	安装车辆垫块		5	
3	将车辆举升至规定位置		5	
4	检查制动管路		6	
5	检查转向连杆机构		6	
6	检查汽车驱动轴护套		6	
7	检查、紧固汽车底部螺栓		6	
8	检查汽车传动轴		5	
9	检查汽车悬架组件		6	
10	将车辆降至地面		5	
11	取出车辆垫块		5	
12	检查离合器踏板各项参数		5	
13	检查驻车制动器操纵杆行程		5	
14	检查转向盘性能		5	
15	拆下翼子板布、前格栅布		5	
16	关闭发动机罩		2	
17	取下、整理三件套并放置到规定位置,移除车轮挡块		8	
18	清洁、整理工具及设备		5	
19	清洁、整理场地		5	
学生自评			100	
教师综合评价				

八 思考与练习

1 任务实施完成后你应该掌握的内容

（1）任务实施内容有哪些？

(2)任务实施重点是什么？

(3)任务实施难点是什么？

2 任务实施完成后请你回答下列问题

(1)为什么要检查制动管路？

(2)为什么要检查驻车制动器？

(3)为什么要检查转向系统？

(4)为什么要检查悬架系统？

3 巩固练习

(1) A 说：检查过程中应先将点火开关转动到 ACC，使转向盘不锁定和可以自由转动。
　　B 说：检查转向盘自由行程时，转向轮不必保持直线状态。（　　）
　　A. A 对　　　　B. B 对　　　　C. A、B 都对　　　　D. A、B 都不对

(2) A 说：如果制动管路损坏了就会直接影响到制动系统的性能，严重时极有可能造成重大交通事故。
　　B 说：悬架组件包括转向节、稳定杆、下臂、拖臂和桥梁。（　　）
　　A. A 对　　　　B. B 对　　　　C. A、B 都对　　　　D. A、B 都不对

(3) A 说：转向系统是由转向盘、转向机、转向柱及传动杆等部件组成。
　　B 说：好的悬架系统能保证车辆行驶的舒适性，以及车辆在直线行驶或转弯时的稳定性。（　　）
　　A. A 对　　　　B. B 对　　　　C. A、B 都对　　　　D. A、B 都不对

(4) A 说：转向系统如果失效驾驶人就无法控制车辆的正常行驶。
　　B 说：如果转向系统发生故障会造成行驶时汽车偏离行驶轨迹、转向失灵，最终造成交通事故。（　　）
　　A. A 对　　　　B. B 对　　　　C. A、B 都对　　　　D. A、B 都不对

项目四 汽车电气设备定期维护作业

汽车电气设备定期维护内容包括：
(1)检查汽车车灯及仪表性能。
(2)检查蓄电池性能与外部状况。
(3)检查喇叭性能。
(4)检查风窗玻璃刮水器和喷洗器性能。

任务一　检查汽车车灯及仪表灯性能

一　学习目标

(1)检查汽车车灯性能。
(2)检查汽车仪表灯性能。

二　学习重点

(1)检查汽车车灯性能。
(2)检查汽车仪表灯性能。
(3)检查汽车车灯及仪表灯性能时应注意的问题。

三　学习难点

检查汽车车灯及仪表灯性能的操作过程。

四　任务实施的教学器材

教具：汽车、相关维修材料。

五　任务实施过程中应注意的问题

检查汽车前照灯灯光时应起动发动机。
检查倒车灯时应关闭发动机。

六　任务实施的相关知识

(1)前照灯的作用是什么？
前照灯：俗称大灯，装在汽车头部两侧，用来照明车前道路。
(2)防雾灯的作用是什么？
防雾灯：安装在汽车头部或尾部。在雾天、下雪、暴雨或尘埃弥漫等情况下，用来改善车前道路的照明情况。

(3)牌照灯的作用是什么?

牌照灯:安装在汽车尾部牌照上方或左右两侧用来照明后牌照。

(4)转向灯的作用是什么?

转向灯:主转向灯一般安装在汽车头、尾部的左右两侧用来指示车辆行驶趋向。

(5)倒车灯的作用是什么?

倒车灯:安装在汽车尾部,当变速器挂入倒挡时自动发亮,照明车后侧,同时警示后方车辆行人注意安全。

(6)制动灯的作用是什么?

制动灯:俗称刹车灯,安装在汽车尾部。在踩下制动踏板时,发出强红光,以示制动。

(7)危险警告灯的作用是什么?

危险警告灯:打开危险警告灯,用来警示前后车辆注意安全。

(8)示宽灯的作用是什么?

示宽灯:安装在汽车前面、后面和两侧,夜间行驶接通前照灯时,示宽灯同时发亮,标志车辆的形位等。

(9)仪表照明灯的作用是什么?

仪表照明灯:装在仪表板反面,用来照明仪表指针及刻度板。

(10)顶灯的作用是什么?

顶灯:除用作车室内照明外,还可兼起监视车门是否可靠关闭的作用。

(11)为什么要检查汽车灯光?

汽车照明灯光是主要用来夜间照明使用的(现在也有一些汽车带有日间行车灯)灯光,汽车的信号灯和指示灯是用来提示车辆和行人安全的。车辆的远近光灯所达到的亮度、距离和角度都是有一定范围和标准的。如果没有照明灯汽车夜间就无法正常行驶,还会造成交通事故;如果没有汽车信号灯和指示灯,对方和后方的车辆和行人无法预知你的行驶路线,也会造成交通事故。汽车的灯光信号直接关系到行车安全。

七 任务实施的操作内容

▲ 检查汽车车灯及仪表灯性能

1 检查汽车变光器开关自动返回功能。

【操作小贴士】

车辆正直摆放,打开转向灯开关,转向指示灯点亮。然后顺时针(逆时针)方向转动转向盘约90°。然后把转向盘转到初始位置,变光器开关应自动返回到中间位置,转向灯熄灭。

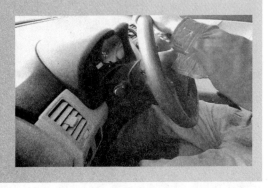

汽车定期维护作业

2 检查汽车前照灯(近光、远光、变光)的性能,检查牌照灯、尾灯、仪表灯、制动灯、转向灯、倒车灯、危险警告灯、顶灯的性能。

①检查汽车前、后示宽灯功能。

操作小贴士

打开示宽灯开关,汽车前、后示宽灯应点亮,牌照灯点亮。关闭示宽灯开关,汽车前、后示宽灯应熄灭。

汽车后部示宽灯功能正常

②检查前照灯(近光灯)功能。

操作小贴士

打开前照灯(近光灯)开关,前照灯(近光灯)应点亮。关闭前照灯(近光灯)开关,前照灯(近光灯)熄灭。

汽车前照灯近光灯功能正常

③检查前照灯(远光灯)功能。

④当把前照灯变光器开关上下移动时,前照灯应能自动切换远光和近光。

操作小贴士

起动发动机,打开前照灯(远光灯)开关,前照灯(远光灯)应点亮,前照灯远光指示灯点亮。关闭前照灯(远光灯)开关,前照灯(远光灯)熄灭。

汽车前部危险警告灯功能正常

⑤检查雾灯功能。

操作小贴士

应先打开示宽灯,才能打开雾灯。打开前、后雾灯开关,前、后雾灯点亮,指示灯亮。

汽车前部雾灯功能正常

⑥检查汽车前、后转向灯功能。

操作小贴士

打开左转向灯开关,汽车左侧的前、后转向灯应点亮,指示灯亮。打开右转向灯开关,汽车右侧的前、后转向灯应点亮,指示灯亮。

汽车前部左转向灯功能正常

⑦检查汽车前、后危险警告灯功能。

操作小贴士

打开危险警告灯，汽车前、后、左、右转向灯同时闪烁，左、右转向指示灯同时点亮。

汽车前部危险警告灯功能正常

⑧检查制动灯功能。

操作小贴士

使用制动器后，制动灯自动点亮。解除制动后，制动灯自动熄灭。

汽车后部制动灯功能正常

⑨检查倒车灯功能。

操作小贴士

使用倒车挡时，倒车灯点亮。退出倒车挡后，倒车灯熄灭。

汽车后部倒车灯功能正常

⑩汽车车内仪表警告灯（制动系统警告灯、座椅安全带提示灯、充电指示灯、发动机故障指示灯、低燃油液位警告灯、机油低压警告灯、ABS警告灯、开门警告灯、轮胎气压低警告灯、SRS警告灯）的功能含义。

操作小贴士

①低燃油液位警告灯：低燃油液位警告灯亮，表示燃油箱中的燃油接近用完。

②发动机故障指示灯：故障指示灯亮，表示发动机控制系统或变速器控制系统存在故障。

③座椅安全带提示灯：座椅安全带提示灯亮，警告驾驶人系紧安全带。

④充电指示灯：充电系统警告灯亮，表示充电系统存在故障。

⑤制动系统警告灯：制动系统警告灯亮，表示存在驻车制动未解除、制动液液位

汽车定期维护作业

过低、制动系统故障等情况。

⑥开门警告灯：车门打开警告灯亮，表示车门或行李舱未完全关闭。

⑦机油低压警告灯：机油低压警告灯亮，表示机油压力过低。

⑧SRS警告灯：SRS警告灯亮表示SRS系统存在故障。

3 检查汽车车内仪表警告灯（制动系统警告灯、座椅安全带提示灯、充电指示灯、发动机故障指示灯、低燃油液位警告灯、机油低压警告灯、ABS警告灯、开门警告灯、轮胎气压低警告灯、SRS警告灯）的性能。

操作小贴士

将点火开关转到ON位置，所有的警告灯亮。ECU自检完成后，部分警告灯会熄灭，发动机起动后所有的警告灯熄灭。如果警告灯不熄灭，则应检查原因。

4 检查门控灯开关性能。

操作小贴士

通过检查确保打开一扇车门时顶灯变亮,而所用车门关闭时顶灯熄灭。配备照明进入系统的车辆的顶灯不会立即熄灭。(需要等待几秒,以便检查顶灯是否熄灭)

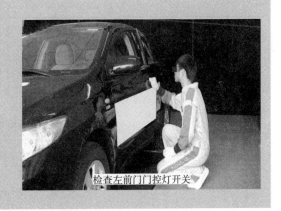
检查左前门门控灯开关

检查汽车车灯及仪表灯性能任务实施工作页

班级:_____　　　姓名:_____

学习时间:_____　　　授课教师:_____

车型:_____　　　VIN:_____

作业序号	任务实施	任务实施记录完成状况	满 分	得 分
1	安装车轮挡块、安装三件套		5	
2	检查汽车变光器开关自回操作的性能		5	
3	检查汽车前、后示宽灯功能是否正常		5	
4	检查前照灯(近光灯)功能是否正常		5	
5	检查前照灯(远光灯)功能是否正常		5	
6	检查雾灯功能是否正常		5	
7	检查汽车前、后转向灯功能是否正常		5	
8	检查汽车前、后危险警告灯功能是否正常		5	
9	检查制动灯功能是否正常		5	
10	检查倒车灯功能是否正常		5	
11	检查低燃油液位警告灯是否正常		3	
12	检查发动机故障指示灯是否正常		5	
13	检查座椅安全带提示灯是否正常		3	
14	检查充电指示灯是否正常		3	
15	检查开门警告灯是否正常		5	
16	检查机油低压警告灯是否正常		3	

续上表

作业序号	任务实施	任务实施记录完成状况	满 分	得 分
17	检查 SRS 警告灯是否正常		5	
18	检查门控灯开关性能是否正常		5	
19	取下、整理三件套并放置到规定位置,移除车轮挡块		8	
20	清洁、整理工具及设备		5	
21	清洁、整理场地		5	
学生自评			100	
教师综合评价				

八 思考与练习

1 任务实施完成后你应该掌握的内容

(1)任务实施内容有哪些?

(2)任务实施重点是什么?

(3)任务实施难点是什么?

2 任务实施完成后请你回答下列问题

(1)前照灯的作用是什么?

(2)制动灯的作用是什么?

(3)示宽灯的作用是什么?

(4) 为什么要检查汽车灯光?

3 巩固练习

(1) A 说:将点火开关转到 ON 位置,所有的警告灯亮。
　　B 说:ECU 自检完成后,部分警告灯会熄灭,发动机起动后所有的警告灯熄灭。如果警告灯不熄灭,则应检查原因。(　　)
　　A. A 对　　　　B. B 对　　　　C. A、B 都对　　　　D. A、B 都不对

(2) A 说:SRS 警告灯亮,表示 SRS 系统存在故障。
　　B 说:机油低压警告灯亮,表示机油压力过高。(　　)
　　A. A 对　　　　B. B 对　　　　C. A、B 都对　　　　D. A、B 都不对

(3) A 说:车门打开警告灯亮,表示车门或行李舱完全关闭。
　　B 说:充电系统警告灯亮,表示充电系统存在故障。(　　)
　　A. A 对　　　　B. B 对　　　　C. A、B 都对　　　　D. A、B 都不对

(4) A 说:制动系统警告灯亮表示存在驻车制动未解除、制动液液位过低、制动系统故障等情况。
　　B 说:座椅安全带提示灯亮,警告驾驶人系紧安全带。(　　)
　　A. A 对　　　　B. B 对　　　　C. A、B 都对　　　　D. A、B 都不对

(5) A 说:雾灯是在雾天、下雪、暴雨或尘埃弥漫等情况下,用来改善车前道路的照明情况。
　　B 说:前照灯是安装在汽车头部两侧,用来照明车前道路。(　　)
　　A. A 对　　　　B. B 对　　　　C. A、B 都对　　　　D. A、B 都不对

任务二　检查蓄电池性能与外部状况

一　学习目标

(1) 检查汽车蓄电池外部状况。
(2) 检查蓄电池电解液相对密度。

二　学习重点

(1) 检查蓄电池电解液相对密度。
(2) 检查蓄电池电解液相对密度时应注意的问题。

三　学习难点

检查蓄电池电解液相对密度的操作过程。

四 任务实施的教学器材

（1）教具：汽车蓄电池、电解液、相关维修材料。
（2）常用工具：手电筒、电解液相对密度计等。

五 任务实施过程中应注意的问题

（1）蓄电池中含有有毒性和腐蚀性物质。
（2）切勿俯身于蓄电池。
（3）如果蓄电池电解液接触到皮肤或眼睛，应立即用清水清洗。
（4）蓄电池电解液不足时，应添加蒸馏水。

六 任务实施的相关知识

（1）蓄电池的作用是什么？

发动机起动时，向起动机和点火系统供电；向用电设备和交流发电机磁场绕组供电；汽车停车或发电机不发电时，向用电设备供电；保持汽车电气系统的电压稳定，吸收电路中出现的瞬时过电压；发电机过载时，协助发电机向用电设备供电。

（2）对蓄电池的性能有哪些要求？

要求蓄电池容量大、内阻小，以保证蓄电池具有足够的起动能力。

（3）蓄电池是如何分类的？

汽车用铅酸蓄电池分为普通型、干荷电型、免维护型和胶体型等。

（4）为什么要定期检查维护蓄电池？

汽车蓄电池是汽车电气系统中的重要部件，随着现代汽车技术的发展，汽车上使用的电子和电气设备越来越多，蓄电池如果工作不正常，将直接影响电子和电气设备的正常工作。因此，汽车必须始终能获得稳定的供电电压。

七 任务实施的操作内容

♠ 检查蓄电池性能与外部状况

1 检查汽车蓄电池外部状况。

操作小贴士

电解液液位的检查：用手电筒检查蓄电池各个单元的液位是否处于上线和下线之间。（某些类型的蓄电池可以通过蓄电池指示器查看液位和蓄电池状况：蓝色——正常、红色——电解液液位不足、白色——需要充电。）

2 用手电筒检查蓄电池外壳有无裂纹和渗漏，蓄电池端子有无腐蚀、松动。

3 目视检查蓄电池通气孔是否堵塞。

4 检查蓄电池电解液相对密度。使用一个电解液相对密度。计检查蓄电池电解液温度20℃时，所有单元的电解液相对密度应为1.25～1.28。

检查汽车蓄电池性能与外部状况任务实施工作页

班级：_____   姓名：_____

学习时间：_____   授课教师：_____

车型：_____   VIN：_____

作业序号	任务实施	任务实施记录完成状况	满 分	得 分
1	安装车轮挡块、安装三件套		5	
2	打开发动机罩		2	
3	安装翼子板布、前格栅布		5	
4	检查电解液液位高度		10	
5	检查蓄电池外壳有无裂纹、破损。端子有无腐蚀、松动		10	
6	检查蓄电池外壳有无电解液渗漏		10	
7	检查蓄电池端子有无腐蚀、松动		10	
8	检查蓄电池通气孔是否堵塞		10	

续上表

作业序号	任务实施	任务实施记录完成状况	满 分	得 分
9	检查蓄电池电解液相对密度		13	
10	拆下翼子板布、前格栅布		5	
11	关闭发动机罩		2	
12	取下、整理三件套并放置到规定位置,移除车轮挡块		8	
13	清洁、整理工具及设备		5	
14	清洁、整理场地		5	
学生自评			100	
教师综合评价				

八 思考与练习

1 任务实施完成后你应该掌握的内容

(1)任务实施内容有哪些?

(2)任务实施重点是什么?

(3)任务实施难点是什么?

2 任务实施完成后请你回答下列问题

(1)蓄电池的作用是什么?

(2)检查蓄电池应注意哪些问题?

(3)怎样检查蓄电池?

3 巩固练习

（1）A 说：蓄电池电解液不足时，应添加电解液。
　　B 说：蓄电池中含有有毒性和腐蚀性物质。（　　）
　　A. A 对　　　B. B 对　　　C. A、B 都对　　　D. A、B 都不对

（2）A 说：要求蓄电池容量大、内阻小，以保证蓄电池具有足够的起动能力。
　　B 说：如果蓄电池电解液接触到皮肤或眼睛，应立即用清水清洗。（　　）
　　A. A 对　　　B. B 对　　　C. A、B 都对　　　D. A、B 都不对

（3）A 说：汽车用铅酸蓄电池分为铅酸型、锂电池型等。
　　B 说：使用一个电解液相对密度计检查蓄电池电解液温度20℃时，所有单元的电解液相对密度应为 1.20～1.28。（　　）
　　A. A 对　　　B. B 对　　　C. A、B 都对　　　D. A、B 都不对

（4）A 说：蓄电池如果工作不正常，将直接影响电子和电气设备的正常工作。因此，汽车必须始终能获得稳定的供电电压。
　　B 说：切勿俯身于蓄电池，因为电解液具有腐蚀性。（　　）
　　A. A 对　　　B. B 对　　　C. A、B 都对　　　D. A、B 都不对

任务三　检查汽车相关电器部件性能

一　学习目标

（1）检查喇叭性能。
（2）检查风窗玻璃刮水器和喷洗器性能。

二　学习重点

（1）检查风窗玻璃刮水器和喷洗器性能。
（2）检查风窗玻璃刮水器和喷洗器性能时应注意的问题。

三　学习难点

检查风窗玻璃刮水器和喷洗器性能的操作过程。

四　任务实施的教学器材

（1）教具：汽车、相关维修材料。
（2）常用工具：玻璃水、大头针。

汽车定期维护作业

五 任务实施过程中应注意的问题

检查刮水器性能时应及时打开喷水器。

六 任务实施的相关知识

(1)喇叭的作用是什么?

用来警告行人和车辆,以引起注意,保证行车安全。

(2)刮水器的作用是什么?

保证驾驶人在雨天、雾天、雪天有良好的视线。必要时向风窗表面喷洒专用清洗液或水,在刮水片配合下,保持风窗表面洁净。

(3)为什么要定期检查汽车相关电器部件?

汽车的喇叭、刮水器的好坏直接关系到行车安全。如果刮水器损坏了,一旦遇到雨天,汽车将无法行驶。所以一定要定期检查。

七 任务实施的操作内容

▲ 检查汽车相关电器部件性能

1 检查喇叭性能。

操作小贴士

在转向盘转动一周的同时按喇叭垫,检查喇叭是否发声。检查喇叭的音量和音调。

2 检查风窗玻璃刮水器和喷洗器。

操作小贴士

起动发动机,打开喷洗器检查风窗玻璃刮水器的快、慢、间歇功能、去雾功能、停止位置、刮水状况。

检查刮水器高速状况

操作小贴士

玻璃刮水器刮水后应无刮痕,无水迹。

检查刮水器刮拭状况

3 检查风窗玻璃喷洗器的性能。

操作小贴士

起动发动机,打开风窗玻璃喷洗器,玻璃喷洗器应喷射有力、喷射位置在刮水器的有效范围内。刮水器联动协同工作正常。

检查刮水器联动状况

检查喷洗器喷射力、喷射位置

检查汽车相关电器部件性能任务实施工作页

班级:_____   姓名:_____

学习时间:_____   授课教师:_____

车型:_____   VIN:_____

作业序号	任务实施	任务实施记录完成状况	满分	得分
1	安装车轮挡块、安装三件套		5	
2	起动发动机		2	
3	检查喇叭性能		8	
4	检查风窗玻璃刮水器的快、慢、间歇功能和停止位置		20	
5	检查风窗玻璃刮水器刮水状况		20	
6	检查风窗玻璃喷洗器喷射力、喷射位置是否正常		20	
7	检查刮水器联动是否正常		5	
8	关闭发动机		2	
9	取下、整理三件套并放置到规定位置,移除车轮挡块		8	
10	清洁、整理工具及设备		5	
11	清洁、整理场地		5	
学生自评			100	
教师综合评价				

八 思考与练习

1 任务实施完成后你应该掌握的内容

(1) 任务实施内容有哪些?

(2) 任务实施重点是什么?

(3) 任务实施难点是什么?

2 任务实施完成后请你回答下列问题

(1) 喇叭的作用是什么?

(2) 刮水器的作用是什么?

(3) 怎样检查风窗玻璃刮水器?

3 巩固练习

(1) A 说:检查刮水器性能时应及时打开喷水器。
　　B 说:检查刮水器性能时应起动发动机（　　）
　　A. A 对　　　B. B 对　　　C. A、B 都对　　　D. A、B 都不对

(2) A 说:刮水器的作用是保证驾驶人在雨天、雾天、雪天有良好的视线。
　　B 说:汽车的喇叭、刮水器的好坏直接关系到行车安全。（　　）
　　A. A 对　　　B. B 对　　　C. A、B 都对　　　D. A、B 都不对

(3) A 说:在转向盘转动一周的同时按喇叭垫,检查喇叭是否发声。
　　B 说:玻璃刮水器刮水后应无刮痕,无水迹。（　　）
　　A. A 对　　　B. B 对　　　C. A、B 都对　　　D. A、B 都不对

(4) A 说:起动发动机,打开风窗玻璃喷洗器,玻璃喷洗器应喷射有力、喷射位置在刮水器的有效范围内。刮水器联动协同工作正常。
　　B 说:检查风窗玻璃刮水器时应检查快、慢、间歇功能、去雾功能、停止位置、刮水状况。（　　）
　　A. A 对　　　B. B 对　　　C. A、B 都对　　　D. A、B 都不对

项目五 汽车车身部件定期维护作业

任务一 检查汽车车身部件性能

一 学习目标

(1)检查汽车车身螺母及螺栓。
(2)检查汽车加油口盖性能。
(3)检查汽车悬架(减振器减振力、车辆倾斜)。
(4)检查汽车车灯安装位置和外部状况。
(5)检查汽车车窗升降机性能。

二 学习重点

(1)检查汽车悬架(减振器减振力、车辆倾斜)。
(2)检查汽车车窗升降机性能。

三 学习难点

检查汽车车身部件性能的操作过程

四 任务实施的教学器材

(1)教具:汽车、相关维修材料。
(2)常用工具:梅花扳手、套筒扳手、扭力扳手、手锤、螺丝刀。

五 任务实施过程中应注意的问题

按压减振器时应注意按压方式和按压位置。

六 任务实施的相关知识

减振器的作用是什么?
缓解路面带来的冲击,迅速吸收颠簸时产生的振动,使车辆恢复到正常行驶状态。

七 任务实施的操作内容

检查汽车车身部件性能

1 检查汽车车身螺母及螺栓。

①检查座椅安全带螺栓、座椅螺栓是否松动。安全带工作是否正常。

操作小贴士

①检查安全带拉伸卷收功能：应将安全带全部向外拉伸检查，松手后安全带应全部卷收。

②检查安全带惯性开关锁止功能：应将安全带拉伸后突然用力快拉，应该拉不动。

③检查安全带高度调整位置：应检查高度调整的两个位置。

④检查安全带锁扣锁止功能：将安全带锁扣锁上，用力同时拉两股安全带，应拉不动，锁扣锁止正常。

②检查车门固定螺栓是否松动。

③检查发动机罩、行李舱门螺栓和螺母是否松动。

2 检查汽车加油口盖性能。

操作小贴士

目视检查加油口盖有无变形、损坏，真空阀是否锈蚀。将加油口盖拧紧后可以听见"咯嗒声"说明扭矩限制器工作是否正常。

3 检查汽车悬架（减振器减振力、车辆倾斜）。

操作小贴士

按压翼子板前部三次以检查减振器的缓冲力，按下车身后应将手松开，使减振器复位后,再按第二次、第三次。减振器的缓冲力应正常。

🛠 操作小贴士

检查车身倾斜应离车辆前部或后部1m以上距离,目测发动机罩或行李舱盖两端是否平齐。

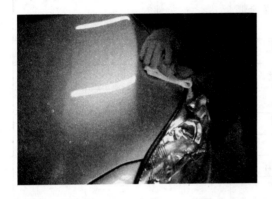

4 检查汽车车灯安装位置和外部形状。

🛠 操作小贴士

①用手推移车灯外部检查车灯安装。

5 检查汽车车窗升降机性能。

🛠 操作小贴士

起动发动机。按动车窗升降开关,车窗应上下自如,运动平顺,无卡滞。

6 检查车窗防夹功能正常。

②目视检查车灯的灯罩和反光镜没有褪色或碰撞损坏。

③目视检查灯内是否有污物或进水。

检查汽车车身部件性能任务实施工作页

班级:＿＿＿＿＿＿＿　　姓名:＿＿＿＿＿＿＿
学习时间:＿＿＿＿＿　　授课教师:＿＿＿＿＿
车型:＿＿＿＿＿＿＿　　VIN:＿＿＿＿＿＿＿＿

汽车定期维护作业

作业序号	任务实施	任务实施记录完成状况	满 分	得 分
1	安装车轮挡块、安装三件套		5	
2	打开发动机罩		2	
3	安装翼子板布、前格栅布		5	
4	检查座椅安全带螺栓、座椅螺栓是否松动。安全带工作是否正常		8	
5	检查车门固定螺栓是否松动		5	
6	检查发动机罩、行李舱门螺栓和螺母是否松动		10	
7	检查汽车加油口盖性能		5	
8	检查汽车悬架性能		10	
9	检查车灯是否松动		5	
10	检查车灯的灯罩和反光镜没有褪色或碰撞损坏		5	
11	检查灯内是否有污物或进水		2	
12	检查汽车车窗升降机性能		8	
13	检查车窗防夹功能正常		5	
14	拆下翼子板布、前格栅布		5	
15	关闭发动机罩		2	
16	取下、整理三件套并放置到规定位置,移除车轮挡块		8	
17	清洁、整理工具及设备		5	
18	清洁、整理场地		5	
学生自评			100	
教师综合评价				

八 思考与练习

1 任务实施完成后你应该掌握的内容

(1)任务实施内容有哪些?

(2)任务实施重点是什么?

(3)任务实施难点是什么?

❷ 任务实施完成后请你回答下列问题

(1)减振器的作用是什么?

(2)检查减振器应注意哪些问题?

(3)怎样检查车身部件?

❸ 巩固练习

(1)A 说:检查车身倾斜应离车辆前部或后部 1m 以上距离,目测发动机罩或行李舱盖两端是否平齐。
　　B 说:将加油口盖拧紧后可以听见"咯嗒声"说明扭矩限制器工作是否正常。
　　　　(　　)
　　A. A 对　　　B. B 对　　　C. A、B 都对　　　D. A、B 都不对

(2)A 说:检查车窗玻璃升降,必须起动发动机。
　　B 说:将安全带锁扣锁上,用力同时拉两股安全带,应拉不动,锁扣锁止正常。
　　　　(　　)
　　A. A 对　　　B. B 对　　　C. A、B 都对　　　D. A、B 都不对

(3)A 说:减振器的作用是缓解路面带来的冲击,迅速吸收颠簸时产生的振动,使车辆恢复到正常行驶状态。
　　B 说:检查安全带拉伸卷收功能,应将安全带全部向外拉伸检查,松手后安全带应全部卷收。(　　)
　　A. A 对　　　B. B 对　　　C. A、B 都对　　　D. A、B 都不对

(4)A 说:检查安全带惯性开关锁止功能,应将安全带拉伸后突然用力快拉,应该拉不动。
　　B 说:检查安全带高度调整位置,应检查高度调整的两个位置。(　　)
　　A. A 对　　　B. B 对　　　C. A、B 都对　　　D. A、B 都不对

参 考 文 献

[1] 郭远辉.汽车维护[M].2版.北京:人民交通出版社,2012.
[2] 朱军,汪胜国,王瑞君.汽车维护实训教材[M].北京:人民交通出版社,2010.
[3] 丰田汽车公司.汽车维护操作[M].北京:高等教育出版社,2008.
[4] 冯汉喜,向志伟.汽车维护[M].北京:人民交通出版社,2012.
[5] 王德平,王健,石光成.汽车维护[M].2版.北京:人民交通出版社,2013.